Ravensburger Hobbywerkstatt

Inhalt

Einleitung

Holz als Werkmaterial wird immer viele Freunde haben. Schnitzen gehört zu den ältesten Arten handwerklicher und künstlerischer Tätigkeiten. Funde aus der Steinzeit bestätigen es. Schnitzereien, zum Teil wahre Kleinkunstwerke aus Knochen, Geweihen und Elfenbein, blieben erhalten. Wie viele Geräte, Werkzeuge und Waffen mögen demnach aus Holz geschnitzt und verziert worden sein? Dieser Werkstoff hat sich vermutlich an erster Stelle angeboten. Werkzeuge aus Feuerstein zum Schlagen (Hauen), Ritzen, Stechen und Schaben, gehandhabt von geübten Händen, werden spielend mit ihm fertig geworden sein. Was ist uns wohl hier durch die Vergänglichkeit des Materials für immer verborgen geblieben?

Unser heutiges Werkzeug besteht aus hochwertigem Stahl. Doch das Schnitzen als Tätigkeit blieb anspruchslos und befriedigend. Was wir dazu benötigen, sind lediglich unsere Hände, einige Werkzeuge und Holz. Ein kleiner Platz an einem hellen Fenster genügt, und bei angenehmer Witterung kann man das Schnitzen auch in die freie Landschaft verlegen. Beim reinen Handschnitzen wird kein Hauwerkzeug (Hammer) benützt. Die Hand allein drückt das Schnitzeisen in das Holz, und da das fast lautlos geschehen kann, ist diese Technik vor allem für jene geeignet, die Rücksicht auf Nachbarn oder Familie nehmen müssen.

Auf den Tisch legen wir ein kleines Holzbrett mit einer Filzunterlage (Pappe, Zeitschrift usw.); die Tischplatte wird auf diese Weise nicht beschädigt. Ein alter Teppich oder ein großes Stück Packpapier unter dem Tisch schützt Boden und Teppich vor zahllosen Holzspänen.

Woher bekommt man das geeignete Holz?

Nach geeignetem Verschnitt für kleine Schnitzereien kann man in allen holzverarbeitenden Betrieben fragen, z. B. Schreinereien, Zimmermannwerkstätten, Möbelbauer, Geschäfte für Heimwerkerbedarf. Hin und wieder wird ein im Wege stehender Baum gefällt. Wer die Augen offen hält, kann auf diese Weise für wenig Geld brauchbare Äste und Stammstücke erwerben. Forstämter, private Waldbesitzer und vor allem Sägewerke und Holzhandlungen sind stets gute Versorgungsquellen. Letztere verkaufen auch einzelne Bretter oder Bohlen. Die Sorge, daß man sich in große Unkosten stürzen und einen ganzen Stamm nehmen muß, ist unbegründet.

Es ist zu empfehlen, beim Händler zur Probe das Holz anzustechen. Besonders am Querholz (gegen die Faser). Die Schnittfläche darf nicht aufreißen und spröde sein. Ansonsten ist ein Weitersuchen zwischen den Holzstapeln dringend zu empfehlen. Wir nehmen ein Hohleisen als Holzprobenstecher mit. Das Einstecken in eine Lederscheide ist empfehlenswert.

Bei Entrümpelungsaktionen wurde schon viel gutes und trockenes Holz verfeuert. Manch alter Massivholzschrank hätte Brettstücke für Flachschnitzereien liefern können. Altes Gebälk aus Eichenholz kann bei Abbrucharbeiten noch wertvolles und billig zu erwerbendes Material ergeben, auch Brennholzstapel können Schnitzmaterial liefern.

Welche Holzarten sind für Schnitzarbeiten geeignet?

Durch eine Vielzahl in- und ausländischer Hölzer haben wir eine reiche Auswahl. Dieses Angebot auszuwerten, ist für die Möbelindustrie eine Notwendigkeit. Wir jedoch können uns auf einige wesentliche Arten beschränken. Über Holz zu sprechen, führt schnitztechnisch nicht weit, Versuche geben bessere Aufschlüsse. Wir müssen das Holz spüren, wie es sich gibt, wie es sich gegen einen Schnitt verhält, gut oder schlecht. Es wird uns entweder zum Weiterschnitzen ermutigen oder sich als ungeeignet erweisen.

Bei hartem Holz werden Handgelenk (beim reinen Handschnitzen) und Messer bald streiken. Weiches Holz wird anregen – jedoch nicht immer, denn viele Weichhölzer reißen trotz scharfem Messer auf, besonders dann, wenn man gegen die Faser schnitzt. An sprödem, faserigen Holz verliert man schnell die Lust.

Die Linde liefert ganz vorzügliches Holz. Wer kennt sie nicht? Wie viele romantische Vorstellungen und Gebräuche sind im Laufe der Jahrhunderte mit diesem Baum verknüpft! Das Holz ist weich und doch gleichmäßig und fest im Schnitt. Es fasert nicht und bricht nicht auf. Das Holz der jungen Bäume ist weißlich, das der älteren rötlich. Die Maserung ist gut erkennbar, aber nicht aufdringlich. Sie stört weder das Aussehen der großen noch der kleinen Figuren. Ganze Generationen von Bildschnitzern haben aus diesem Material großartige Kunstwerke geschaffen.

Für Freiplastik, draußen in Wind und Wetter, greift man zum Eichenholz. Dieses herbe und kräftige Material, es gehört zu den Harthölzern, ist den Witterungseinflüssen gewachsen. Zur Bearbeitung benützt man den Klüpfel (Holzhammer). Einer geübten Hand aber wird auch dieses Holz beim reinen Handschnitzen keine Schwierigkeiten bereiten. Das gilt natürlich nur für kleine Bildwerke und das Überschnitzen von Teilabschnitten an den großen. Größere Arbeiten handzuschnitzen wäre zu ermüdend und eine unnötige Quälerei. Das Eichenholz hat eine gelblich-braune bis gelb-rötlich schimmernde Farbe, und seine Poren geben der Oberfläche einen eigenartigen Reiz.

In den Gebirgsgegenden wird sehr viel aus Kiefernholz (der Bergkiefer) geschnitzt. Es ist harzreich und durch jahrelanges Wachsen in rauher Gegend besonders dicht, d. h. feinjährig und eignet sich deswegen auch für das Schnitzen feinster Figuren.

Zum Schnitzen von Relief- oder Schriftplatten, Schalen (Holzgefäßen) und besonders für Schmuck ist auch das helle und harte Ahornholz zu empfehlen, bei oberflächlichem Hinschauen fast mit Lindenholz zu verwechseln.

Beim Schnitzen von Gürtelschnallen, Schmuckknöpfen und anderen ähnlich strapazierten Gebrauchsgegenständen sollte man keinesfalls Hartholz scheuen. Hier kann auch die Buche dienlich sein. Nußbaumholz wird ebenfalls gute Dienste tun. Die Nennung dieser Arten mag genügen. Sie führen in die Materie ein, sie bleiben und werden zur Ausgangsstellung für »Angriffe« auf anderes noch nicht verwendetes Holzmaterial. Wer geübt ist, wird mit allen Arten fertig. Einfühlungsvermögen in die Eigenart des Werkstoffs, ein großes Angebot an Werkzeugen und vielfältigste Arbeitstechniken erleichtern das Holzschnitzen und machen es reizvoll.

Der Baum wird zur Holzware

Die Stammstücke werden in den Sägewerken zur Stammware (Blockware) zerschnitten, diese wird vom Bildschnitzer hauptsächlich verwendet. Starke (dicke) Bretter tragen die Bezeichnung Bohlen.

Trocknende Bretter und Bohlen verändern ihre Form. Sie werden links hohl und rechts rund. Der Grund ist: Die größeren Zellen der linken Seiten verdunsten mehr Feuchtigkeit. Das Hohlwerden steigert sich deshalb in

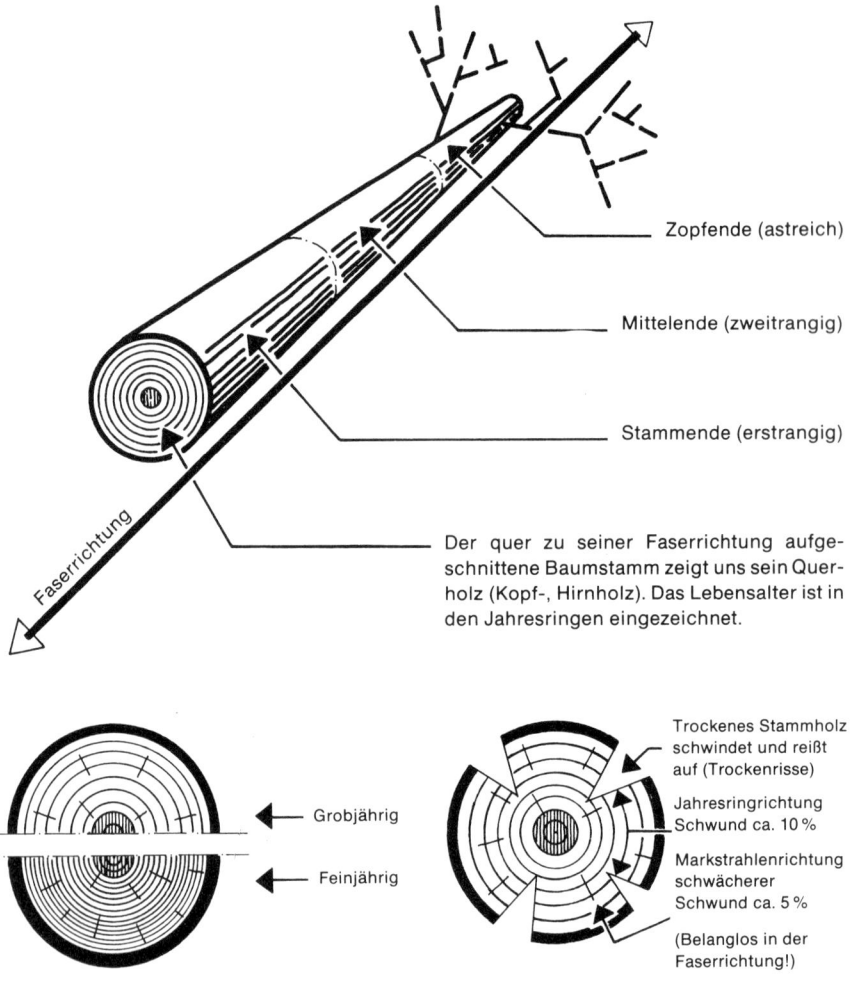

Zopfende (astreich)

Mittelende (zweitrangig)

Stammende (erstrangig)

Faserrichtung

Der quer zu seiner Faserrichtung aufgeschnittene Baumstamm zeigt uns sein Querholz (Kopf-, Hirnholz). Das Lebensalter ist in den Jahresringen eingezeichnet.

Grobjährig

Feinjährig

Trockenes Stammholz schwindet und reißt auf (Trockenrisse)

Jahresringrichtung Schwund ca. 10 %

Markstrahlenrichtung schwächerer Schwund ca. 5 %

(Belanglos in der Faserrichtung!)

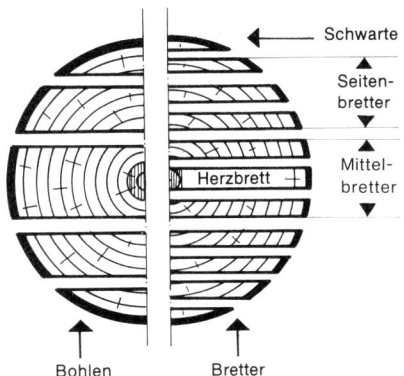

Schwarte

Seiten-
bretter

Herzbrett

Mittel-
bretter

Bohlen   Bretter

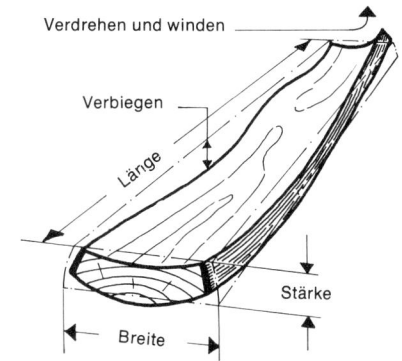

Verdrehen und winden

Verbiegen

Länge

Breite

Stärke

Richtung Schwarte (Pfeil 1). Zum Splint hin werden die Bretter dünner – sie schwinden (Pfeil 2). Das Herzbrett wird auf jeder Seite rund.

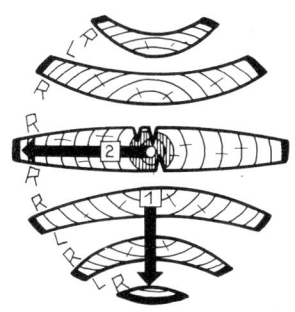

Bezeichnungen: Die Splintseite ist die linke Seite (L) des Brettes und die Kernseite die rechte (R).

Die übersteigerten Darstellungen dienen der Veranschaulichung!

In der Länge kann sich ein Brett natürlich auch biegen. Es kann sich verdrehen und winden (windschief werden). Mit der Formänderung beim Trocknen tritt eine Maßänderung ein. Die Breiten- und die Stärkenmaße unserer Bretter werden geringer. In der Länge ist der Schwund für unsere Arbeit bedeutungslos.

Das Querholz wird »unter die Lupe genommen«

Die Rinde und der Bast schützten den lebenden Baum. Die Wachstumsschicht ist der zuletzt entstandene Jahresring. Der Splint besteht aus bereits verholzten Zellen und solchen, die sich noch im Wachstum befanden. Im Gegensatz zum inneren Holzquerschnitt ist er heller und weicher und bei einigen Holzarten wie Eiche für unsere Arbeit völlig unbrauchbar. Das Kernholz, unser gutes Werkmaterial, besitzt nur ver-

11

holzte Zellen. Das weiche Herz verwenden wir nie. Die Markstrahlen sorgten hauptsächlich für die Rundumentlüftung des Baumes. Jeder Jahresring hatte zwei Wachstums-Perioden. Im Frühjahr entstand das helle Frühholz (weich) und im Sommer das dunkle Spätholz (härter).

Herz (Mark)
Kernholz
Splint
Wachstumsschicht
Bast
Rinde
Markstrahlen
Jahresring
Frühholz
Spätholz

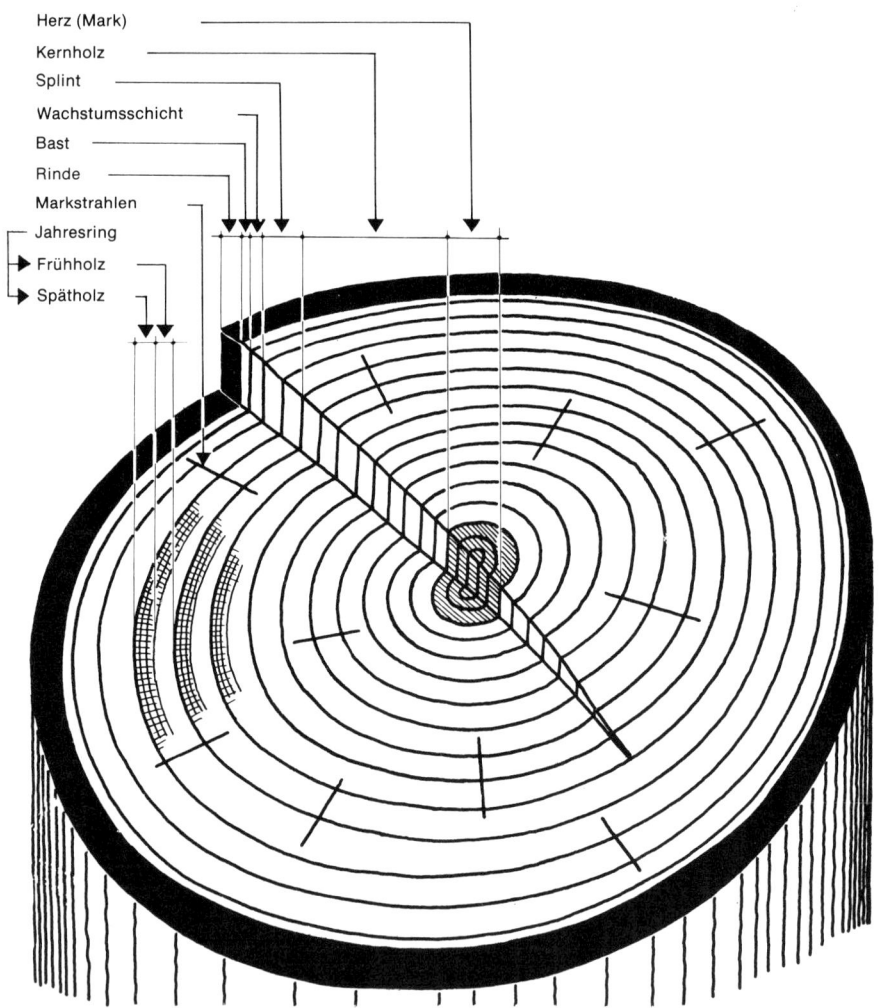

Holz muß lagern und trocknen

In der Holzhandlung werden Bretter oder Bohlen gekauft und zu Hause in handliche Längen gesägt. Holzstärken von 3,5; 4; 5 bis 6 und 7 bis 8 cm genügen vollauf (Abb. 1). Wenn keine Verleimungen beabsichtigt sind, darf das Holz vom frischgefällten Stamm sein und kann sofort für Kleinfiguren verarbeitet werden. Wenn man das Holz jedoch fügen und verleimen will, muß es sehr gut getrocknet sein. Dazu ein grober Anhaltspunkt: 1 cm Holzstärke benötigt zum Trocknen ein Jahr.

Ganze Rundstämme als Werkmaterial auf Lager zu legen, ohne daß diese durch den Trockenprozeß aufreißen, ist nahezu unmöglich. Man kann die Risse in erträglichen Grenzen halten, indem die Rinde am Stamm bleibt und das Querholz durch eine Abdeckung geschützt wird. Ein Lagerplatz auf Böcken, also nicht auf dem Boden, ist zu empfehlen, außerdem muß der Stamm öfters gedreht

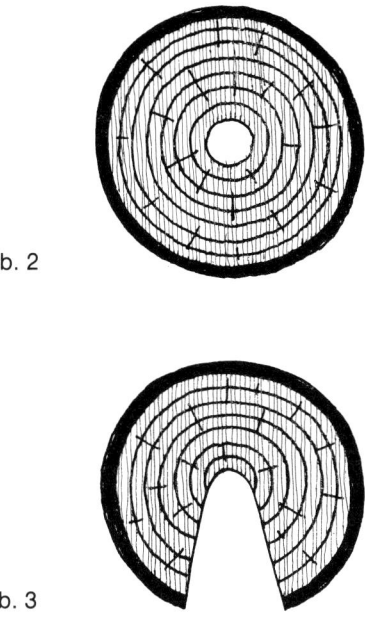

Abb. 2

Abb. 3

werden. Wenn man bei kurzen Stükken das Mark herausbohrt (Abb. 2) und an dieser Stelle die Abdeckung offenläßt, wirkt sich diese Mühe auf jeden Fall vorteilhaft aus.

Lindenholzstämme lassen sich verhältnismäßig gut lagern. Noch so große Sorgfalt ist jedoch keine Sicherheitsgarantie. Dafür ist jedes Holz ein zu eigenwilliger (eigensinniger) Werkstoff. Für bereits vorgeplante (spezielle) Schnitzereien, die auf ihren Rückseiten nicht bearbeitet werden, kann man die Stämme zum Lagern so vorbereiten, daß man sie von dieser Seite her aushöhlt (Abb. 3), und zwar so tief, wie es die späte-

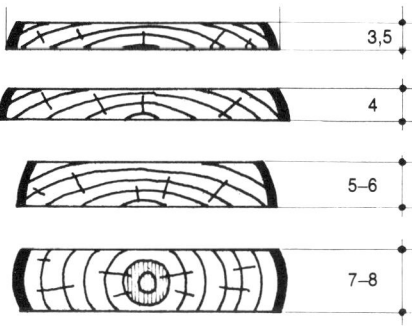

	3,5
	4
	5–6
	7–8

Abb. 1

13

ren Figuren erlauben. Eine Stammplastik zu schnitzen bedarf natürlich keines getrockneten Holzes! Der Idealfall ist, wenn man sofort nach dem Fällen des Baumes mit dem Schnitzen beginnt. Eine von allen Seiten durchgeführte Anlegearbeit und ein Aushöhlen des Werkstückes (überall wo möglich) wird dem frischen Holz die innere Spannung nehmen und spätere Trockenrisse auf ein erträgliches Maß mindern.

Für größere Schnitzereien (aus einem Stück) ergeben Stämme ein rustikales Lagermaterial. Bei Abb. 4 wurden durch Teilen des Stammes zwei kräftige Bohlen gewonnen. Starke Ware (Kreuzhölzer) erhalten

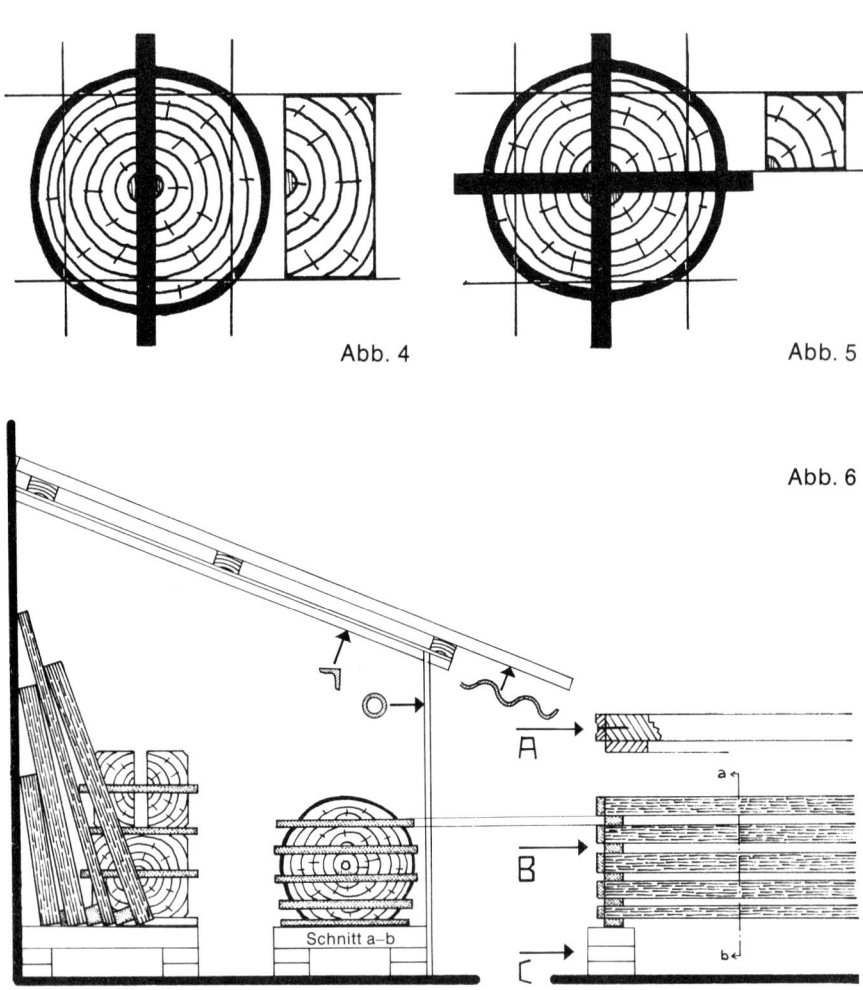

Abb. 4

Abb. 5

Abb. 6

Schnitt a–b

wir auch von einem kreuzweise zerschnittenen Stamm (Abb. 5). Diese trocknet sehr reißfest!

Ein guter Aufbewahrungsort und eine damit verbundene gute Lagerung sind für die natürliche Trocknung von großer Wichtigkeit. Die Luft muß von allen Seiten an das Holz herankommen (Lufttrocknen). Man lagert es nach Möglichkeit in einem offenen, gut überdachten Schuppen. An einer nördlichen Hauswand steht er am günstigsten.

Die Hauptseite (nach Norden) bleibt offen, damit eine gute Lüftung gewährleistet ist. Die Gefahr von unguter Sonneneinwirkung ist damit gebannt.

Das gesamte Holz wird auf einer Steinunterlage (C) gelagert. Ziegelsteine, Natursteinbrocken, Betonstücke usw. eignen sich dazu. Zwischen die Bretter und Bohlen legt man Stapelleisten (B), jedoch nicht aus Harthölzern, denn diese hinterlassen auf weichem Lindenholz Druckstellen. Eichenholzleisten würden sogar durch ihren Gerbsäuregehalt zusätzlich unangenehme Flecken bilden. Das Querholz der Lagerware vernagelt man mit Brettchen (A). Eine Maßnahme, welche die Bildung von Trockenrissen zumindest hemmt (ganz lassen sie sich nicht vermeiden). Die Brett- und Bohlenenden müssen später vor jeder Arbeit genau kontrolliert und so

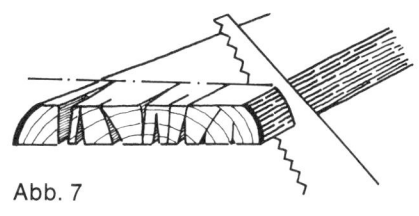

Abb. 7

weit abgesägt werden, wie die Risse in das Holz ragen (Abb. 7). Wird dies versäumt, kann es passieren, daß eine kleine vom Brettende geschnitzte Figur plötzlich auseinanderfällt. Die tückischen Risse sind oft sehr fein und kaum erkennbar.

Holz sollte von Zeit zu Zeit umgestapelt werden. Dabei dreht man die ganze Holzware um und legt die unteren Bretter nach oben.

Eine Auswahl gut getrockneter Stücke wird aufrecht an die Wand gestellt, um immer brauchbares Schnitzmaterial zur Hand zu haben. Auch nach dem »Austoben« beim Lagern und Trocknen bleibt Holz – ein zwar gemäßigter – aber weiterhin lebendiger Werkstoff. Das darf man nie vergessen! Die ehedem im Baumsaft enthaltenen chemischen Bestandteile sind jetzt in den Zellen unserer getrockneten Holzware abgelagert. Damit geht die Eigenschaft, Feuchtigkeit anzuziehen und wieder abzugeben, nicht verloren. Besonders beim Fügen und Verleimen von Reliefplatten und Figurenklötzen muß man das stets berücksichtigen.

15

Das Handwerkszeug

Das Schnitzmesser und drei Eisen sind das erste Werkzeug. Wer erst einmal sein Talent prüfen will, kann sich mit dem Kauf des 7 mm Hohleisen und des 14 mm Flacheisen begnügen.

Mit diesen Werkzeugen kann man ohne weiteres die ersten Lehrmodelle dieses Buches schnitzen. Die Anschaffung der weiteren Eisen erleichtert das Schnitzen. Ein feineres Eingehen auf die Details einer Figur oder eines Reliefs ist damit gewährleistet.

Die Eisen (Q und R, s. Seite 17) leisten gute Dienste, wenn man etwas größere Figuren arbeitet. Warum soll man sich in diesem Fall unnötig mit zu kleinen Werkzeugen abmühen?

Die letzten Sondervorschläge sind ein spezieller Hinweis für die Freunde von Holzgefäßen, Schalen und Kerbschnittverzierungen.

Bemerkung: Die Großbuchstaben – Bezeichnungen der Schnitzeisen – beziehen sich nur auf dieses Buch, sind also keine handelsüblichen Bezeichnungen!

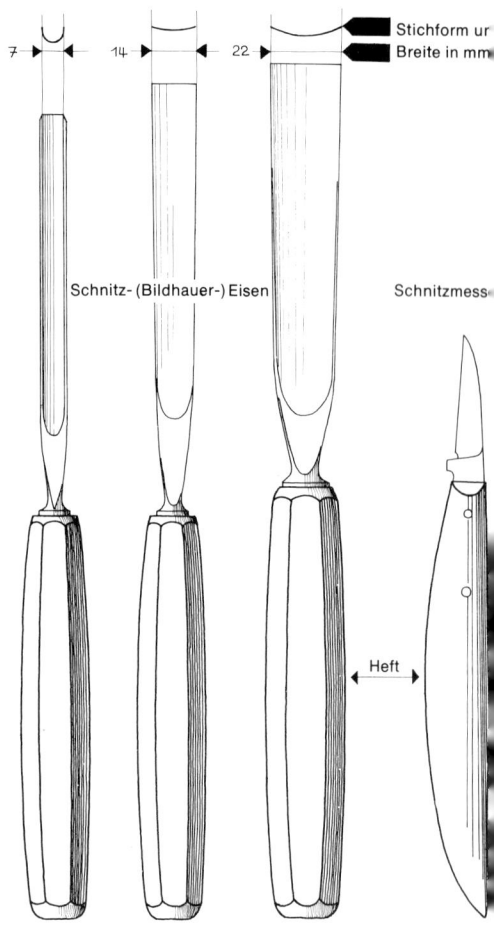

Stichform ur
Breite in mm

7   14   22

Schnitz- (Bildhauer-) Eisen

Schnitzmess

Heft

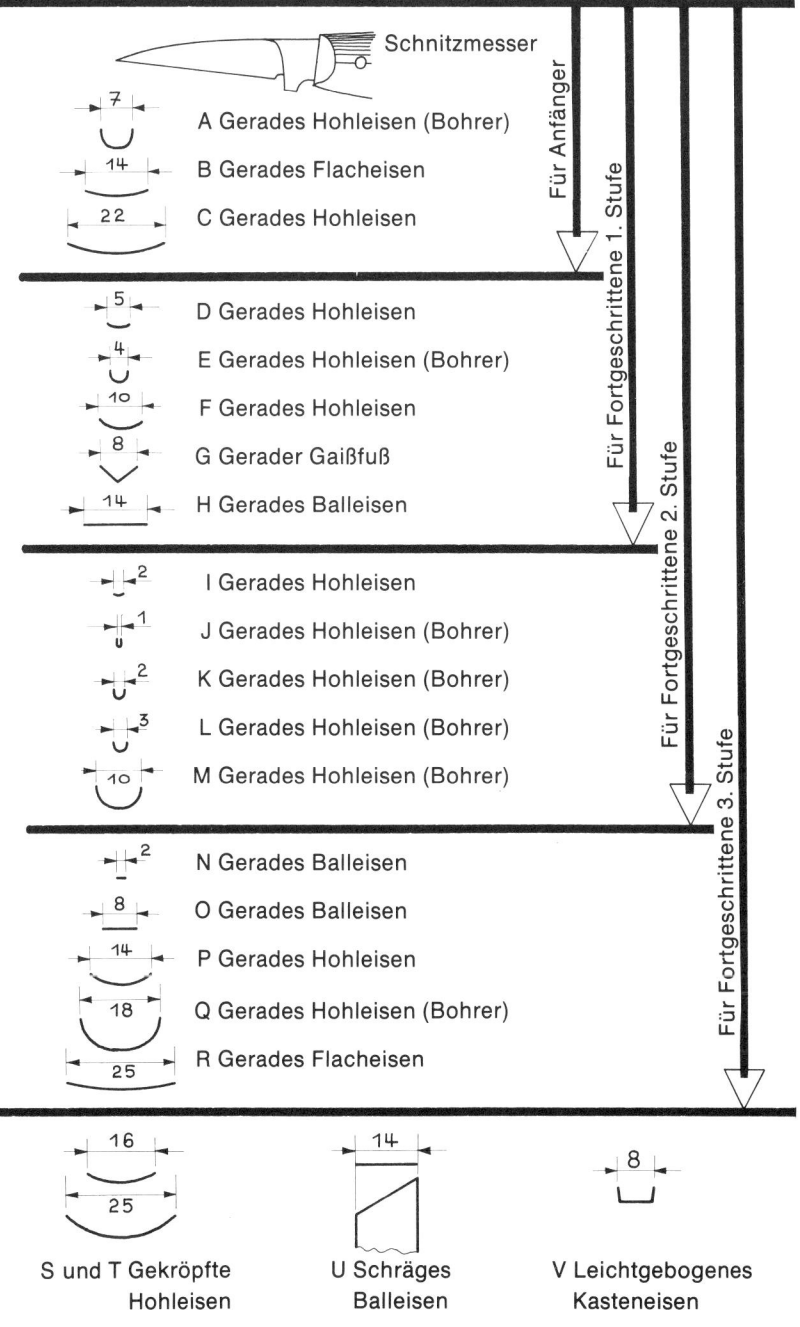

Schnitzmesser

A Gerades Hohleisen (Bohrer)

B Gerades Flacheisen

C Gerades Hohleisen

D Gerades Hohleisen

E Gerades Hohleisen (Bohrer)

F Gerades Hohleisen

G Gerader Gaißfuß

H Gerades Balleisen

I Gerades Hohleisen

J Gerades Hohleisen (Bohrer)

K Gerades Hohleisen (Bohrer)

L Gerades Hohleisen (Bohrer)

M Gerades Hohleisen (Bohrer)

N Gerades Balleisen

O Gerades Balleisen

P Gerades Hohleisen

Q Gerades Hohleisen (Bohrer)

R Gerades Flacheisen

Für Anfänger

Für Fortgeschrittene 1. Stufe

Für Fortgeschrittene 2. Stufe

Für Fortgeschrittene 3. Stufe

S und T Gekröpfte Hohleisen

U Schräges Balleisen

V Leichtgebogenes Kasteneisen

Das Schnitzmesser kann universal gebraucht werden. Mit ihm lassen sich ohne weiteres kleine Figuren und Kerbschnittverzierungen schnitzen. Es ist der Übergang vom Taschenmesser zum eigentlichen Schnitzwerkzeug.

Die mit Bohrer bezeichneten Werkzeuge dringen bei jeder Drehbewegung vorzüglich in das Holz ein. Sie sind die Holzwürmer unter den Schnitzeisen und eignen sich besonders für Aushöhlungen. Bei Schriftgestaltungen und Flachschnitzereien erfüllen sie ihren Dienst als Kerbwerkzeuge.

Die flachen Hohleisen benützt man zum tieferen Eindringen bei Anlegearbeiten. Die Flacheisen sind speziell für großzügige Anlegeschnitte und die Oberflächenbearbeitung. Das gleiche gilt auch für die Balleisen, welche jedoch auf dem Sondergebiet der Kerbschnitzereien (und der Schrift) ureigene Aufgaben erfüllen. Der Gaißfuß ist ein Kerbschnittwerkzeug, macht sich aber auch bei der detaillierten Ausarbeit an Figuren nützlich. Das gekröpfte Hohleisen greift dort bei tiefen Aushöhlungen ein, wo mit dem normalen Eisen trotz richtiger Schnittrichtung zur Faser kein spanabhebendes Arbeiten mehr möglich ist.

Diese Hinweise sollen nur in großen Zügen die Verwendungsrichtung angeben, denn mit jedem Werkzeug läßt sich eine Fülle von Schnitt-, Einstich- und Kerbaufgaben lösen, mit denen wir besser im Laufe unserer Praxis bekannt und vertraut werden. Wir können das auch so ausdrücken: Die Anwendungsmöglichkeiten der Eisen überdecken sich zu oft. Ein Pedant unter den Anfängern käme deswegen bei nur theoretischen Hinweisen in die Gefahr, jedem von ihnen nur spezielle Aufgaben zu geben, und das wäre falsch!

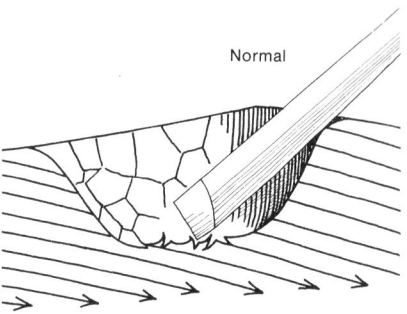

Normal

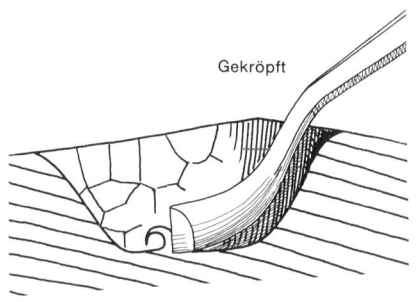

Gekröpft

Das Schärfen der Werkzeuge

Ein schlecht gestimmtes Musikinstrument verdirbt jede Lust am Spielen. Mit einem stumpfen Schnitzwerkzeug ergeht es uns ähnlich. Darin liegt die Hauptursache, wenn die anfängliche große Begeisterung für das Schnitzen bald vergeht. An einem Stück Holz herumzukratzen, splittrige Späne abzureißen und sich ständig das rauhe ungute Schnittgeräusch der stumpfen Schneide anhören zu müssen, ist eine Zumutung. Bevor man mit dem Schnitzen beginnt, müssen die Eisen einwandfrei geschärft sein. Rasierklingenscharf und nicht anders! Ist das nicht der Fall, dann hat es keinen Sinn, mit der Arbeit zu beginnen.

Man benützt lang angeschliffene Eisen, weil diese schnell und weich in das Holz eindringen. Wenn man jedoch mit dem Klüpfel (Holzhammer) arbeitet, sollten sie kürzer angeschliffen sein. Eine Kürze, wie das bei den Meißeln für die Stein- oder Metallindustrie notwendig ist, kommt natürlich nie in Frage.

Die Hauptschleifarbeit wird mit Hand- oder Elektromaschinen durchgeführt. Dieses Schleifen genügt aber nicht. Ein anschließendes nasses Abziehen (Feinschleifen) auf einem Belgischen Brocken (oder Ölabziehstein) ist in jedem Fall notwendig. An der Schneide verbleibt oder hängt nach dem Schleifen oft noch ein feiner Grat. Diesen drückt der erfahrene Schnitzer vorsichtig mit der Fingerkuppe weg. Das Innen-

abziehen wird mit dem Hohlmeißelstein bewerkstelligt. Hinweis: Ein Schluß-Abziehen auf dem Lederriemen kann Wunder wirken. Dem Laien kann nur geraten werden, seine Werkzeuge selbst zu schleifen, sonst müßte er sie bei jeder kleinen Unschärfe zum Schleifen wegbringen. Die Anschaffung des dafür notwendigen Gerätes lohnt sich, zumal eine kleine Handschleifmaschine, ein Abziehstein und ein paar Hohlmeißelsteine wirklich keine großen Geldausgaben bedeuten. Wer eine elektrische Schleifmaschine besitzt, wird selbstverständlich diese zum Vorschleifen benützen. Das geht schneller, und beide Hände sind für die Arbeit frei. Besonders gut eignen sich Kleinband-Schleifmaschinen. Zuerst mit einer groben Körnung arbeiten und dann eine feine benutzen. Gegen das Überhitzen werden die Eisen immer wieder in ein mit Wasser gefülltes Gefäß getaucht. Eine verbrannte Schneide ist bei schlanken Schnitzwerkzeugen nur zu schnell erzeugt. Dem Schärfen ist größte Sorgfalt beizumessen. Das kann nicht oft genug betont werden. Bemerkung: Alle frisch im Handel erworbenen Werkzeuge müssen vor Beginn der Arbeit noch speziell bearbeitet werden. Die folgenden Abbildungen geben nähere Hinweise.

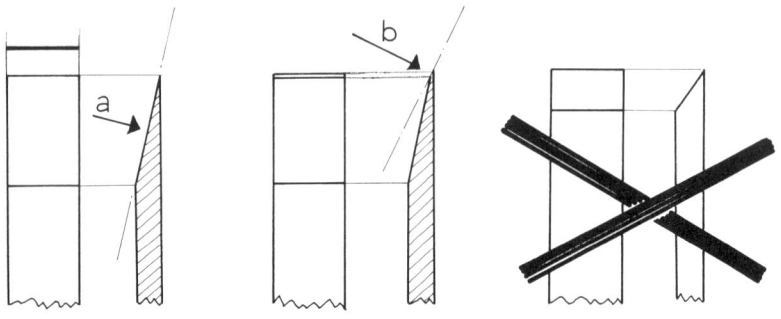

a = Mit der Maschine lang anschlei-
fen.
b = Mit dem Abziehstein fein nach-
schleifen. Das dritte Beispiel zeigt
ein zu kurz angeschliffenes Schnitzeisen.

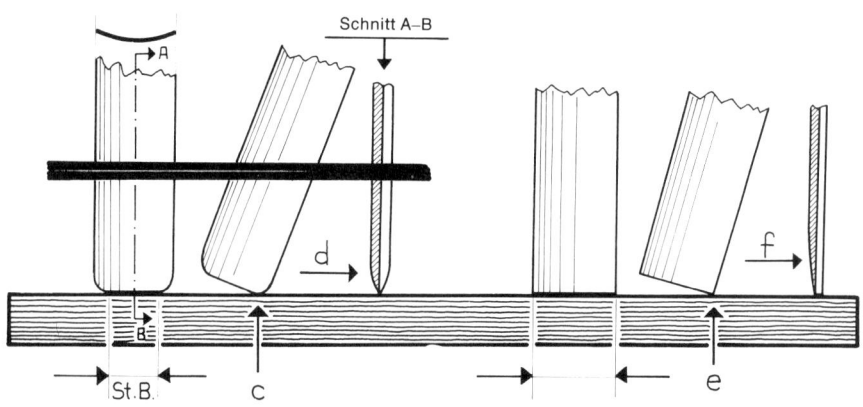

c = Falsch geschliffenes Eisen mit
runden Kanten. Die geschmälerte
Stichbreite (St.B.) wirkt sich beim
Schnitzen nachteilig aus. Als zusätz-
liches Übel müssen wir den zu kurzen und bauchigen Anschliff (d) be-
trachten.

e = Gerade angeschliffenes Eisen
mit voller Stichbreite am Werkstoff.
Beim Verkanten faßt es das Holz sofort fein und scharf und ergibt sauber
zeichnende Einstiche und Schnitte.
Der lange Anschliff (f) bewirkt ein
vorzügliches Eindringen in das Holz.

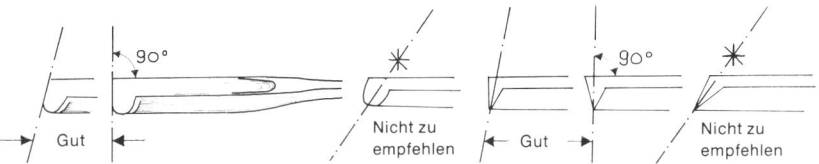

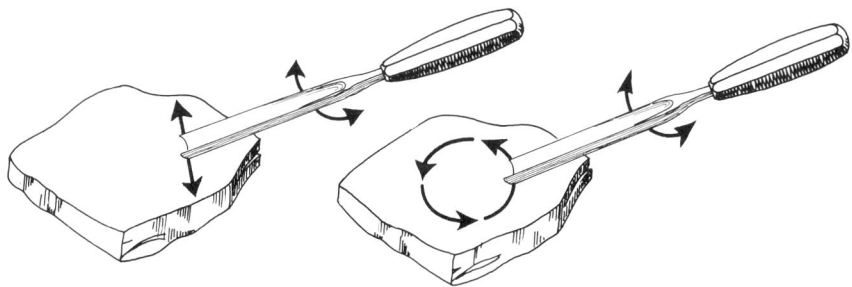

Feinanschleifen auf dem Abziehstein. Die Pfeile bezeichnen die Drehbewegungen der Eisen und die gleichzeitigen Bewegungsrichtungen auf dem Stein.

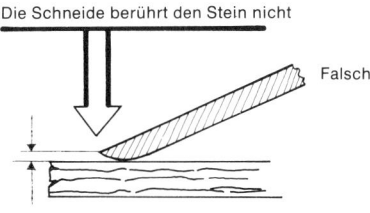

Die Schneide berührt den Stein nicht

Falsch

Richtige Steilhaltung der lang vorgeschliffenen Eisen ergibt ein gutes Abziehen. Bei zu flacher Haltung und zu kurz geschliffenen Eisen wartet der Anfänger vergeblich auf die angestrebte Schärfe.

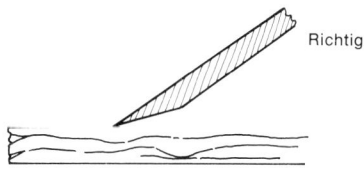

Richtig

Innenabziehen mit den Hohlmeißelsteinen

Die Handhabung der Eisen beim Handschnitzen

Für das reine Handschnitzen benötigen wir keinen Bildhauerklüpfel (Holzhammer), und eine Hobelbank ist ebenfalls überflüssig. Unsere Hände, das scharfe Messer oder die Schnitzeisen genügen. Die linke Hand ist die Einspannvorrichtung für das Holzklötzchen und die rechte führt das Werkzeug. Diese Hand bedient sich nicht des Heftes, sondern umfaßt das Eisen mit der Faust (Foto I). Sie wird auf diese Weise im echten Sinne zur schneidenden Hand. Das sieht zwar etwas plump aus, doch der Schein trügt. Selbst feinste plastische Vorgänge können so geschnitzt werden. Eine Ermüdung der Finger ist ausgeschlossen und die ganze Kraft der Hand wird ausgenützt. Die Kante der schnitzenden Hand liegt ständig am Werkstück und sichert somit vor einem plötzlichen Abgleiten. Das Eisen wird so kurz wie möglich gefaßt und stets nur so weit verlängert, daß es die andere Hand nie berühren und verletzen kann. Diese selbst hält das Werkstück stets so, daß sie dem Schnitzeisen keine Angriffsfläche bietet. Die Hände, das Schnitzeisen und das Werkstück bilden nun eine genau aufeinander abgestimmte Einheit. Eine etwaige verkrampfte Körperhaltung sollte man sich gleich von Anfang an abgewöhnen und so gelöst und ruhig wie möglich arbeiten. Die Handhabung wechselt immer wieder, so wie das auf dem Foto II zu ersehen ist. Jetzt bremsen und sichern die übrigen

I Richtig

II Richtig

Finger in ständiger Bereitschaft vor einem Ausrutschen. Wie es nicht gemacht werden soll, zeigt das Foto III. Die linke Hand käme unweigerlich zu Schaden. Das Heft wird nur umfaßt, wenn wir mit dem Klüpfel arbeiten (hauen). Das Schnitzen mit dem Messer kennt vor allem vier Möglichkeiten (siehe weitere Fotos): A = weg vom Körper, B = in Körperrichtung, C = mit Daumendruck, D = mit steiler Klinge. Besonders C üben wir so lange eifrig, bis uns diese Schnitztechnik geläufig ist.

III Falsch

A = Das Schnitzen weg vom Körper. Diese freie Klingenführung bewährt sich für schnelle und großzügige Vorarbeit. Lange und dicke Späne können so abgeschält werden. Weit ausladende Arbeitsbewegungen sollte man vermeiden.

B = Das Schnitzen in Körperrichtung.
Jetzt sichert der Daumen am Werkstück. Dadurch wird ein feineres und individuelleres Schnitzen möglich.

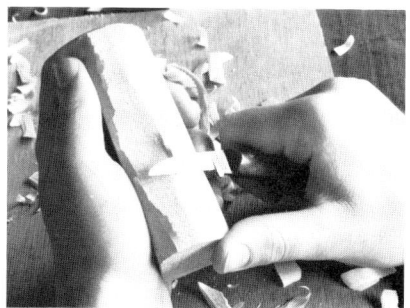

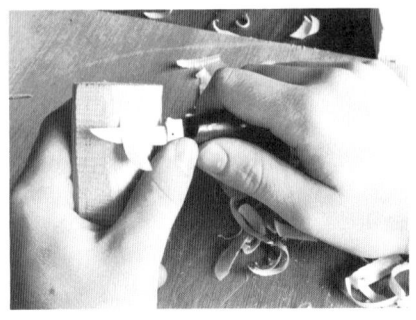 

C = Das Schnitzen mit Daumendruck.
Hierbei schnitzt die linke Hand durch Daumendruck auf die Klinge mit. Dieses Schnitzen im Wechsel mit B ergibt ein sicheres, gutes Arbeiten.

D = Das Schnitzen mit steiler Klinge. Die Steilhaltung ist für das Kerben von Figurendetails gedacht. Auch Flachschnitzereien können in dieser Weise mit der Klinge geschnitzt werden.

Schnitzen mit dem Klüpfel (Holzhammer)

Im Gegensatz zum reinen Handschnitzen benötigt man jetzt beide Hände zur Handhabung der Werkzeuge. Das Werkstück selbst wird von einer Spannvorrichtung gehalten. In erster Linie sei hier die Hobelbank genannt. Eine Figur, zwischen die Spannbacken geklemmt, wird liegend fertiggeschnitzt. Stehend ist keineswegs falsch, aber in diesem Fall muß man das »Federn« bei jedem Schlag in Kauf nehmen. Die Spannbacken haben den Nachteil, daß sie Spuren hinterlassen. Vor der letzten Ausarbeit legt man deshalb kleine Holzplättchen zwischen Backen und Figur.
Bei Verwendung einer Figurenschraube kann man auf die Hobelbank verzichten und dafür jeden beliebigen schweren Tisch verwenden. Die einfachste Methode ist: Mit der Schraube wird ein stabiles Brettstück an der Standfläche des Werkstückes befestigt. Zwei Schraubzwingen sorgen anschließend für die feste Verbindung mit dem Tisch.

Eine Figurenschraube muß sehr tief in das Werkstück gedreht werden, sonst wird sie sich nach wenigen Schlägen wieder lösen. Das Schraubenloch muß entsprechend tief und eng vorgebohrt werden – und so, daß man später beim Schnitzen nicht damit in Konflikt kommt.

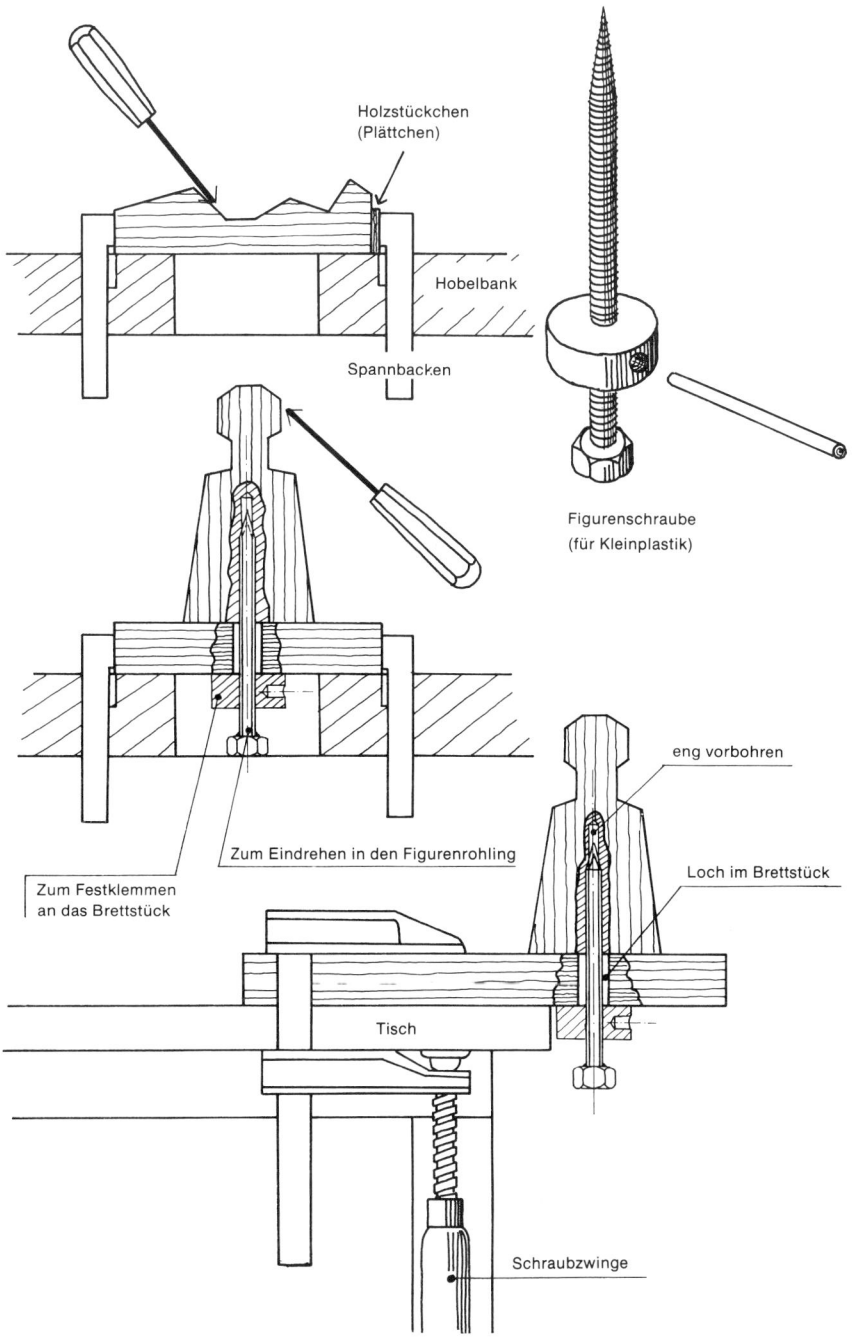

Holzstückchen
(Plättchen)

Hobelbank

Spannbacken

Figurenschraube
(für Kleinplastik)

Zum Eindrehen in den Figurenrohling

Zum Festklemmen
an das Brettstück

eng vorbohren

Loch im Brettstück

Tisch

Schraubzwinge

25

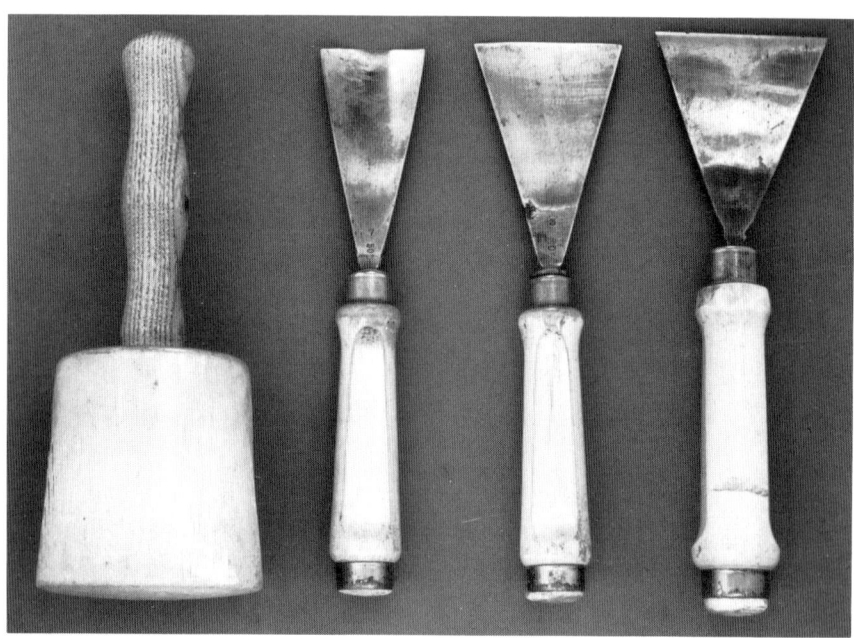

Das richtige Gefühl für das Arbeiten mit dem Klüpfel ist bald gewonnen, wenn man wie beim reinen Handschnitzen mit dem zwanglosen Zerschnitzen von Holzstücken beginnt. Die rustikaleren Züge der Oberfläche bei der Bildhauerei fallen sofort auf. Große Figuren wie Stammplastiken bearbeitet man mit den Schweizer-eisen (siehe Foto Seite 26). Das sind besonders kräftige und stabil geschmiedete Werkzeuge mit sehr breiten Schneiden. Bei schweren Werkstücken erübrigt sich das Einspannen. Auf einer erhöhten Unterlage liegend und notfalls gegen eine massive Wand abgestützt, läßt sich so ein Stück gut bearbeiten.

Die ersten Schnitzübungen

Es wäre kein guter Anfang, wenn man bereits Ideen verwirklichen oder vorhandene Modelle kopieren wollte, um sich daran zu versuchen.

Die meisten Anfänger stecken das Ziel viel zu hoch. Ein Scheitern ist das Resultat. Wird ein Haus gebaut, dann fängt man mit dem Fundament an, wenn es später nicht zusammenstürzen soll.

Einem alten Bildhauerausspruch nach stecken im Materialblock schon die fertigen Gestaltungen, so daß man diese nur noch von ihrer Werkstoffumhüllung befreien muß.

Um dieses Ziel zu erreichen, muß

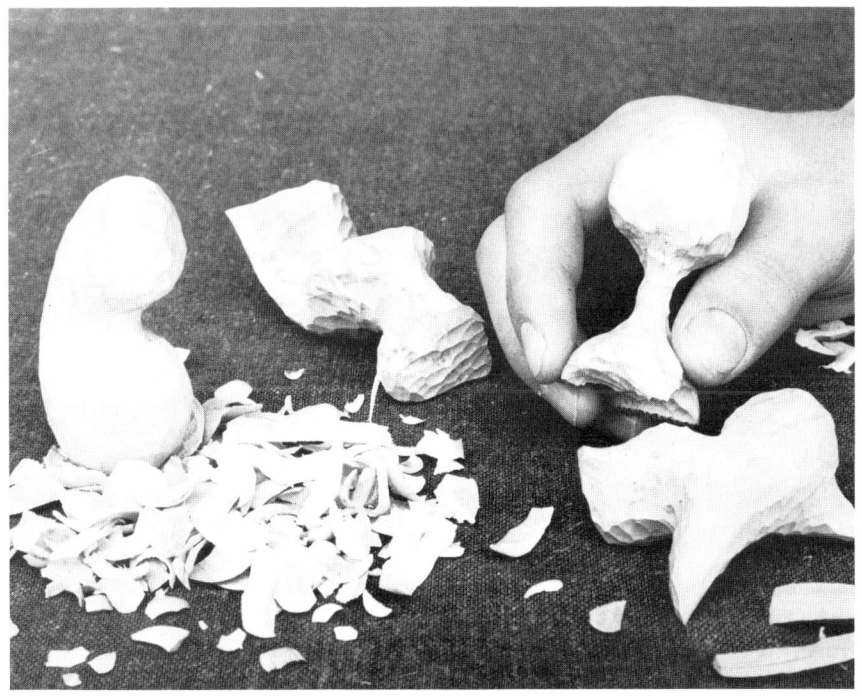

man sich erst einmal im Wegschnitzen üben.

Man nimmt einen kleinen Klotz und zerschnitzt ihn, bis nur noch Späne übrigbleiben! Das wird an weiteren Klötzchen so lange wiederholt, bis man eine gute Handfertigkeit im Umgang mit dem Werkzeug erworben hat. Dabei ist es wichtig, die Schnitzeisen oft zu wechseln (auszuprobieren), um ihre besonderen Schnittmerkmale kennenzulernen. Je kleiner das Klötzchen wird, desto vorsichtiger muß man mit den Werkzeugen umgehen. Dadurch wird Schnitzen gelernt. Unbeherrschtes Drauflosarbeiten ist falsch! Beim zwanglosen und spielerischen Arbeiten mit den Schnitzeisen ergibt sich von selbst eine Form.

Wenn man auf diese zufällige Form eingeht und sie fertig schnitzt, hat man das erste gegenstandslose Werk in Händen. Manche anerkannten Kunstwerke sind auf diese Weise zufällig entstanden.

Für den Anfang genügen Formexperimente. Man besitzt noch nicht die Fähigkeit, ein vorgestelltes Bild auf den Werkstoff zu übertragen. Auch das Nachschnitzen (Kopieren) eines Modells scheitert meist kläglich aus Angst, zu viel wegzuschnitzen. Die Übung und Erfahrung im Umgang mit den Schnitzeisen will eben erst gelernt sein.

Gute Schnitzübungen:
Das Formen und Aushöhlen von Brett- und Bohlenstücken

Ohne krampfhaftes Bemühen sägt man zuerst spielerisch unregelmäßige Umrißformen aus. Die Aushöhlungen folgen annähernd – also keineswegs genau – den Umrissen. Man deutet sie mit dem Bleistift an. Mit einem geraden Hohleisen fängt man an zu bohren, und zwar so tief, wie es mit diesem Werkzeug möglich ist. Auf saubere Einstiche und Schnitte achtet man noch nicht. So entstehen originelle Schalen und Gefäße.

Zur Feinarbeit des Aushöhlens benützt man das gekröpfte Hohleisen. Nur mit ihm sind an den tiefen Stellen wieder normale spanabhebende Schnitte möglich. Ohne dieses Werkzeug kann man nur flachere Mulden schnitzen! Verbleiben trotzdem unsaubere Stellen, dann ist ein Schaben mit den Eisen möglich. Das

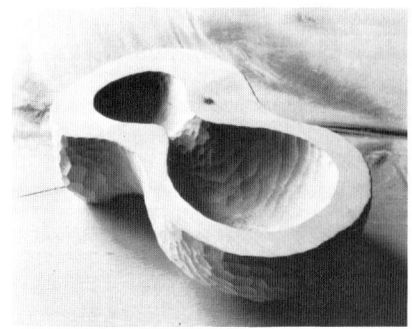

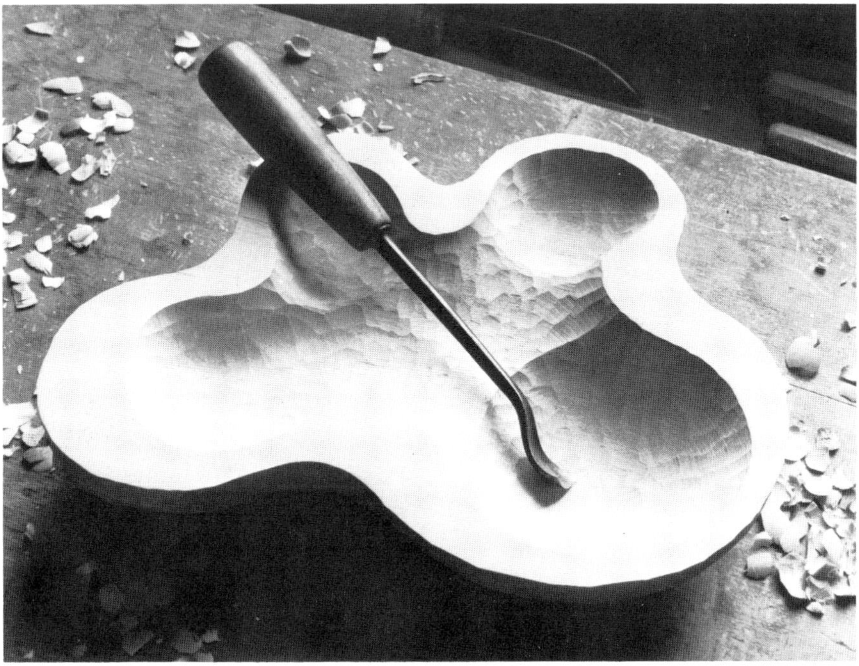

Rückseite

Abschleifen mit Glaspapier ist auch keine »Schande«, denn eine unterschiedliche Werkstoffbehandlung bietet sich an.

An einem mit Glaspapier behandelten Gegenstand sollte man nicht mehr herumschnitzen. Die scharfgeschliffenen Eisen werden sonst stumpf.

Ein Brettchen und zwei Klötzchen sind der Ausgangspunkt für den durchbrochenen Schmuckanhänger (siehe folgende Seite). Die Breitseiten der Hölzchen werden gewölbt und anschließend unregelmäßige Vertiefungen eingeschnitzt. Das Brettchen wird zusätzlich durchlö-

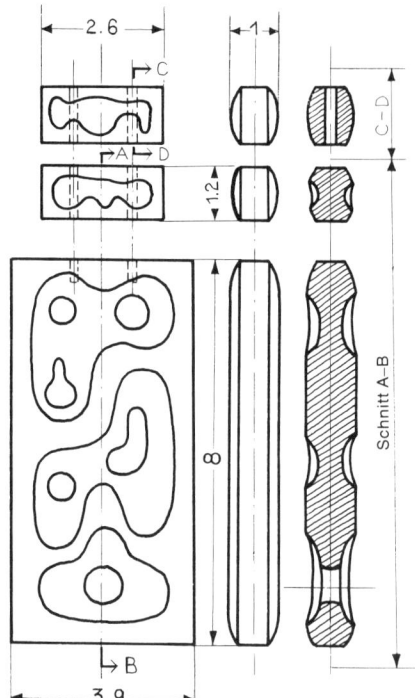

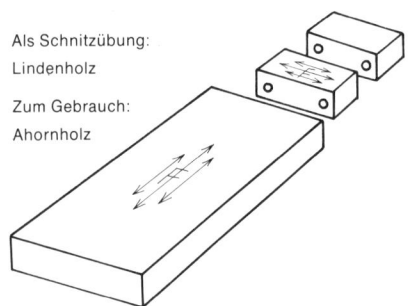

Als Schnitzübung:
Lindenholz

Zum Gebrauch:
Ahornholz

chert! Der Schmuck wird beidseitig bearbeitet. Zum Schluß kann man ihn an den erhabenen Stellen mit Wasserbeize eintönen und mit farblosem Holzlack überziehen.

Die Oberflächenbearbeitung

Die handwerkliche Bearbeitung des Holzes mit den Schnitzeisen ergibt eine aus vielen einzelnen Schnitten bestehende Oberfläche.

Je nach Feinheit der Schnitte und auch nach Art der verwendeten Eisen beeinflußt diese Oberflächenbearbeitung wesentlich den Charakter einer Holzschnitzerei.

Man präge sich die Bezeichnungen für die Bearbeitung am Beispiel einer geschnitzten Kugel ein.

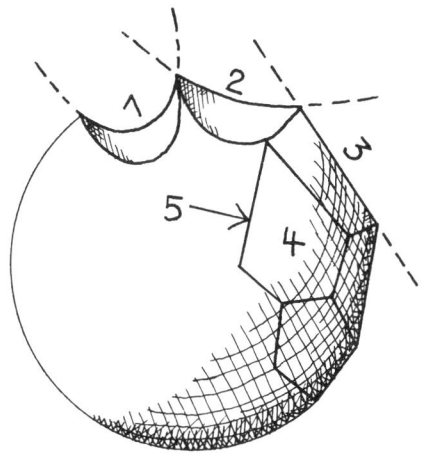

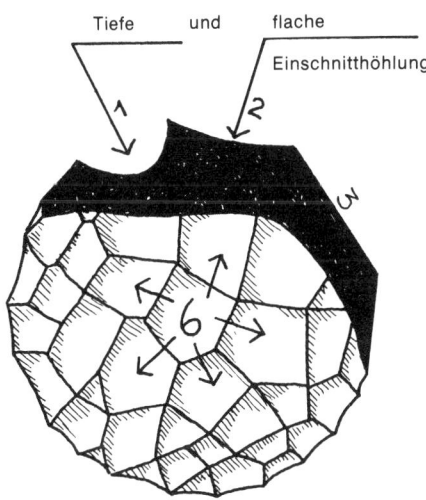

1 Der tiefe Hohlschnitt
2 Der flache Hohlschnitt
3 Der Geradschnitt
4 Schnittfläche (entsteht durch einen Schnitt)
5 Schnittkante (Begrenzung der Schnittfläche)
6 Alle Schnittflächen und Schnittkanten zusammen ergeben die Oberflächenbearbeitung

Langweilige Bearbeitung vermeiden. Großflächige und kleinflächige Schnitte sollen in stetem Wechsel die Schnitzerei beleben.

Die Hauptschnittkante und die Hauptschnittfläche als gestalterische Elemente

Die Hauptschnittfläche schließt mehrere Schnitte der Oberflächenbearbeitung in sich ein. Die Hauptschnittkante umgrenzt diese erweiterte Schnittfläche und erhebt sie zu einem formgebenden Bestandteil der Schnitzerei. Diese Schnittkante hat eine gestalterische Aufgabe.

Selbst bei einem späteren Abschleifen der Figur bleibt sie noch als markante, wesentliche Betonung auf der Oberfläche sichtbar! Bei der rohen Anlegearbeit spielt die Hauptschnittkante eine entscheidende Rolle. Sie hilft die Form in großen Umrissen klar festzulegen.

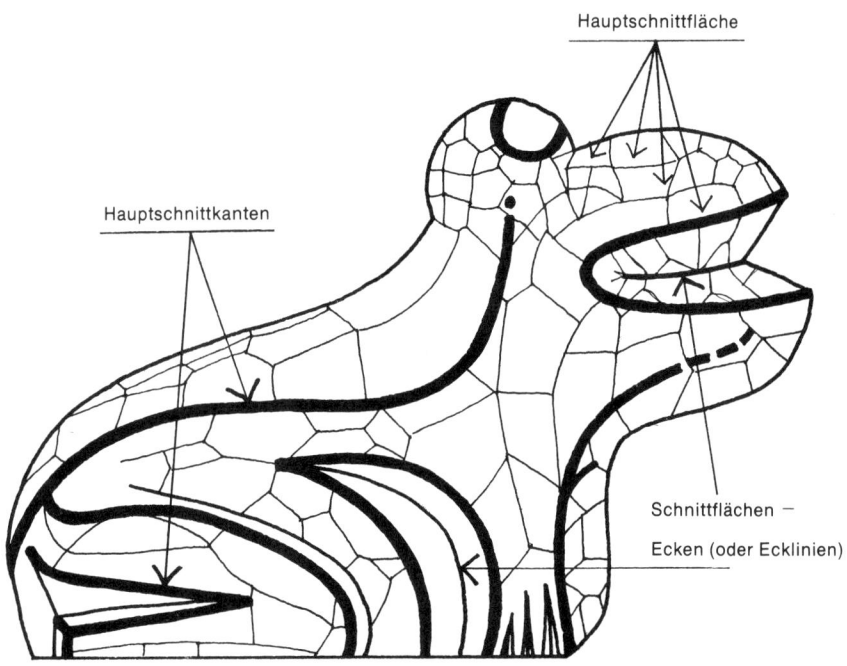

Hauptschnittfläche

Hauptschnittkanten

Schnittflächen —

Ecken (oder Ecklinien)

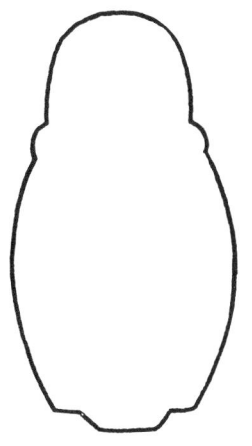

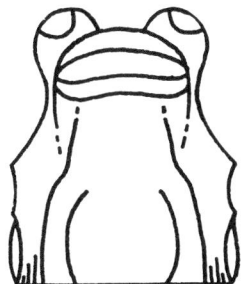

Modellmaße: 7,4 × 4,2 × 4,9 cm

Beim zeichnerischen Entwerfen einer Figur ist sie der gewichtigste Strich und damit Wegweiser für den formenden Anlegeschnitt in das Werkstück.

Feilen, Raspeln, Glaspapier

Nicht bei allen Schnitzereien kann man eine markante Oberfläche belassen. Wenn man beispielsweise eine weibliche Gestalt schnitzt, so würde in den meisten Fällen ein herbes Schnittkantennetz nur stören. Deshalb muß man entweder feinste Schnitzeisenarbeit leisten oder die Figur glatt schleifen, bis allein die Maserung des Holzes die Oberfläche bestimmt. Ist diese weich geschwungen, dann kommt das typisch Weibliche zusätzlich zur Geltung. Auch die großzügigen, auf wesentliche Formgebung reduzierten neuzeitlichen Gestaltungen vertragen vielfach eine glatte Oberflächenbehandlung. Der oft gehörte Vorwurf, daß damit die Handschrift des Schnitzers zerstört wird, ist unbegründet. Die Darstellung eines Bildwerkes wird in erster Linie von der Idee (dem Einfall) her bestimmt und damit gültig. Die richtige Wahl der Oberflächenbearbeitung ist wichtig, hat aber nur unterstützenden Charakter. Ob man sich für eine glattgeschliffene oder für eine Schnittkantenoberfläche entscheidet, hängt vor allem vom Motiv ab.

Wenn man sich für ein Glätten des Holzbildwerkes entschieden hat, ebnet man zuerst mit Feilen und Raspeln die Schnittkanten (nicht die Hauptschnittkanten). Danach wird mit gröberem Glaspapier und zuletzt mit feinster Körnung geschliffen.

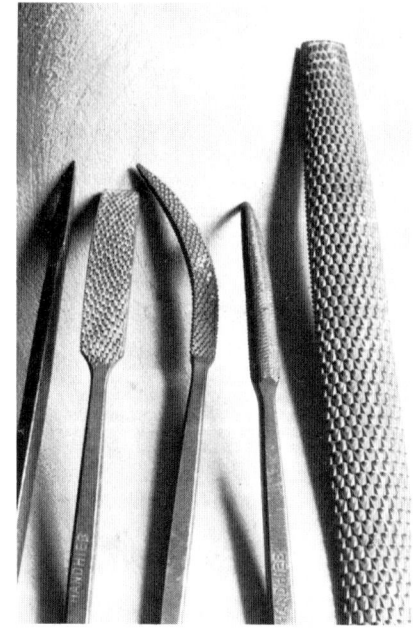

Der Faserverlauf und die richtige Schnittrichtung

Holz läßt sich nicht von allen Richtungen gleich gut bearbeiten. Das ist eine Erfahrung, die jeder Anfänger sofort bei seinen ersten Übungen machen wird. Einmal dringt das Eisen mit guten spanabhebenden Schnitten weich ins Holz, das andere Mal stößt es auf Widerstand. Die Schnittrichtung und der Faserverlauf sind die Ursache dieser Erscheinung.

Im ersten Fall stimmt die Schnittrichtung zur Faser, im zweiten nicht! Man kann dann von falschem Schnitzen sprechen.

An der Maserung des Holzes kann man den Faserverlauf ablesen. Das geht dem geübten Schnitzer im Laufe der Zeit so in Fleisch und Blut über, daß er sein Schnitzeisen schon rein gefühlsmäßig stets in der richtigen Schnittrichtung zur Faser handhabt.

Wenn man noch nicht soweit ist, soll man ruhig unproblematisch weiterschnitzen – aber stets aufmerksam sein! Das Holz wird durch seinen Widerstand rechtzeitig sagen, wie es bearbeitet sein will, das heißt, es wird zum Wechsel der Schnittrichtung zwingen. Die handlichen kleinen Figuren sind dafür sehr geeignet, denn durch entsprechendes Drehen des Werkstückes kann man sofort wieder ideale Verhältnisse schaffen. Die folgenden Seiten behandeln das Wissenswerte zu diesem Thema. Die Abbildungen zeigen deutlich, wie wichtig dieses ist. Die Fotos vermitteln es eindringlich am Beispiel der Holzbearbeitung mit der Abrichtmaschine.

Foto I = Ungünstige Schnittrichtung zur Messerwelle ergab eine rauhe Brettoberfläche.

Foto II = Eine saubere Fläche wurde durch günstige Schnittrichtung erzielt.

Foto III = Durch unterschiedliche Faserrichtungen stark aufgerissene Stellen.

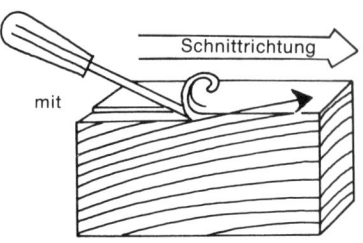

Beim Schnitzen ist man jederzeit in der Lage, die Schnittrichtung zu wechseln und hat dadurch alle unguten Stellen unter Kontrolle.
Was bedeutet mit der Faser schnitzen?
Wenn die Schnittrichtung mit der Holzfaser verläuft oder leicht gegen sie. Das letztere kann man als die ideale Schnittrichtung bezeichnen. Der Span hebt sich auf Grund der nach außen drängenden Faser gut ab. Die Schnittfläche wird glatt und glänzend.

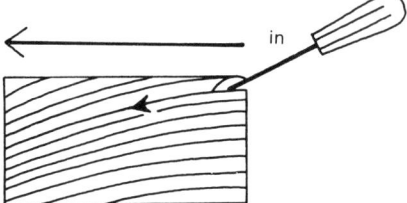

Was bedeutet in die Faser schnitzen?
Wenn das Eisen von der in das Holz drängenden Faser in seiner Schnittrichtung gehemmt wird, hebt sich der Span nicht oder nur widerspenstig ab. Die Schnittfläche wird rauh und matt.

Was bedeutet gegen die Faser schnitzen?

Wenn wir sehr steil oder senkrecht gegen die Faser (in das Querholz) schnitzen, löst sich der Span zwar immer gut ab – jedoch ist eine bohrende Eisenführung mit zusätzlichem Kraftaufwand notwendig. Das Holz wird härter empfunden!

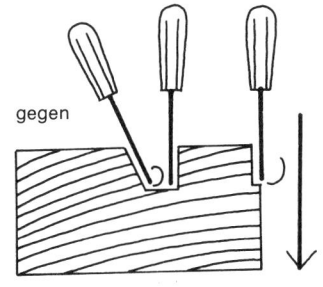

gegen

Anwendung des Gelernten

Wenn man die Fläche A mit einer Oberflächenbearbeitung in Längsschnittrichtung versehen will, muß man zur Erzielung einer gleichbleibenden guten Bearbeitung die Schnittrichtung einmal wechseln. Der Grund ist: Die Faser drängt nach der Grenzlinie in das Holz zurück. Ein Beibehalten der Richtung würde ein schlechtes Resultat ergeben.

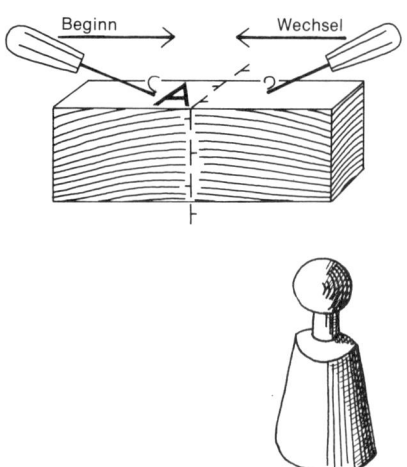

Schnittrichtungs-Beispiele an Figuren

Es ist sehr lehrreich, solch einfache Beispiele zeichnerisch zu entwerfen. An ihnen versucht man die richtige Schnittrichtung herauszufinden. Ein Pfeil vertritt die Stelle des Schnitzmessers.

Noch zwei Beispiele für richtige Schnittrichtungen (siehe Tiere). X = An diesen Stellen kann von jeder Richtung her geschnitzt werden.

Übrigens: Auch bei der Holzbearbeitung durch Maschinen merkt man sehr schnell, wie gut es war, wenn man sich mit der richtigen Schnittrichtung zur Faser beschäftigt hat. In besonderem Maße wird das beim

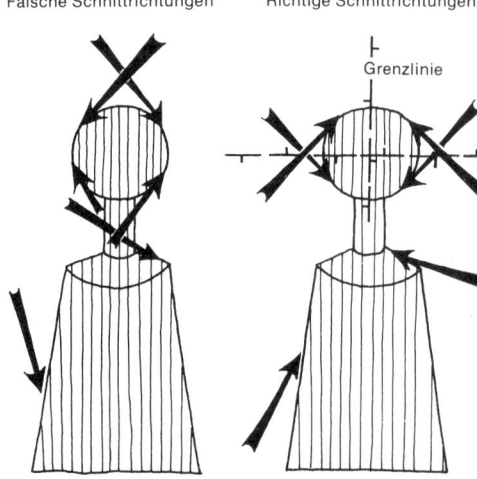

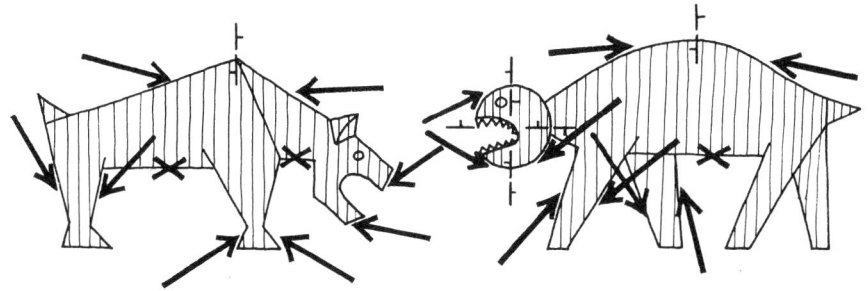

Abrichten eines Brettes oder einer Bohle auf der Hobelmaschine deutlich. Beispiel: Wenn man ein Brett so über die Maschine schiebt, daß die Messer in die Faser greifen, dann rauhen sie die Oberfläche auf, anstatt diese zu glätten (Foto I Seite 35). Im ungünstigsten Fall splittern ganze Stücke aus dem Holz (Foto III Seite 36). Nicht immer kann man die manchmal sehr unterschiedlichen Faserverhältnisse im Brett überblikken. Doch nach dem ersten Abrichten und auch an dem – schlagenden Ton – der Messerwelle weiß der erfahrene Fachmann genau, ob er das Brett in eine andere Schnittrichtung bringen muß, um günstigere Verhältnisse zu schaffen. Die schematischen Darstellungen zeigen eine Hobelmaschine (Tisch mit Messerwelle).

Es empfiehlt sich, ein verzogenes Brett erst auf der hohlen Seite abzurichten.

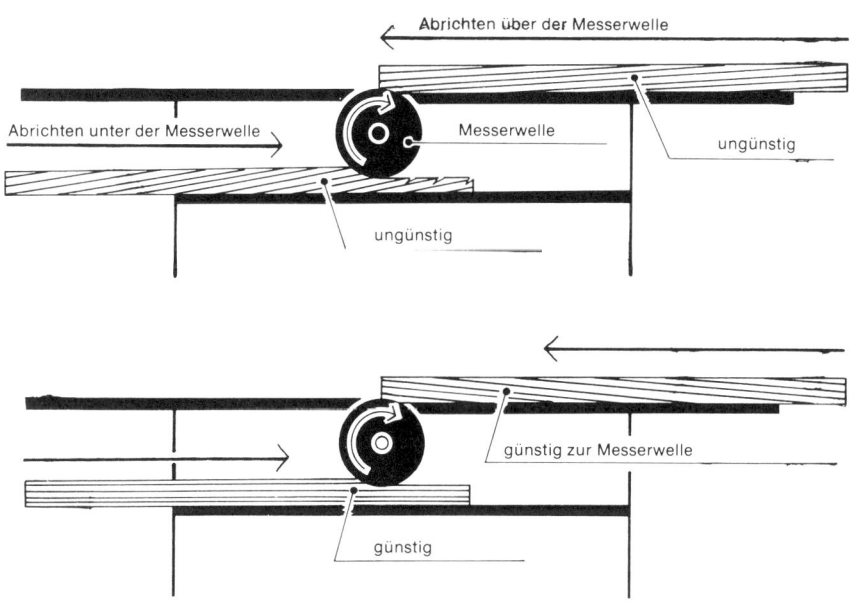

Ideenskizzen, die zu »technischen Zeichnungen« übersetzt werden, sind manchmal eine unersetzliche Hilfe für die Schnitzarbeit. Es ist zu empfehlen, sich eingehend mit diesem Kapitel zu befassen, denn exakte Umrißlinien helfen beim Aussägen des Rohlings und später beim Schnitzen der plastischen Formen.

Folgende Fragen ergeben sich beim Anfertigen einer Skizze: Wie erhält man genaue Umrißlinien von Idee, Entwurf oder Modell, um damit Schablonen für das Aussägen eines Figuren-Rohlings zu gewinnen?

In vielen Fällen begnügt man sich mit dem Aussägen der wesentlichsten Umrißformen. Es gibt natürlich auch Entwürfe, die es gestatten, die Figur in weiteren Ansichten vorzubereiten. Wenn man ein Modell entworfen hat, kann man auf einfache Weise die gewünschten Umrisse durch Nachziehen der Modellkonturen auf einen Karton oder ein Stück Papier übertragen. Hat man dagegen eine räumliche Entwurfsskizze angefertigt,

dann muß man von dieser erst die notwendigen flächigen Ansichten entwickeln.

Wie beim technischen Zeichnen wird der Gegenstand in so vielen Ansichten und Schnitten gezeichnet, bis er keine Geheimnisse mehr in sich birgt und auf Grund dieser vielseitigen Darstellungen angefertigt werden kann.

Die wichtigsten Ansichten sind: der Aufriß, der Grundriß und der Seitenriß. Da es sich nicht um Maschinen, technische Geräte und Bauwerke, sondern um figürliche Gestaltungen wie Menschen, Tiere, Symbole usw. handelt, werden die Risse umbenannt: 1. Den Aufriß bezeichnet man als Hauptansicht, 2. den Grundriß als Draufsicht und 3. den Seitenriß als Seitenansicht.

Diese Bezeichnungen sind verständlicher, als wenn man zum Beispiel vom »Grundriß eines Tieres« redet. Daß die natürliche Vorderansicht einer Kreatur auf Grund des zeichentechnischen Vorgehens zur Seiten-

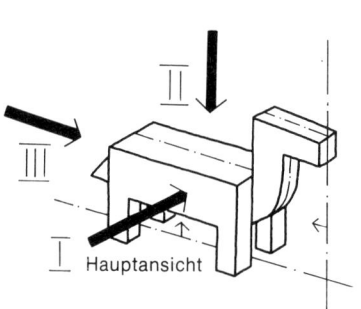

Hauptansicht

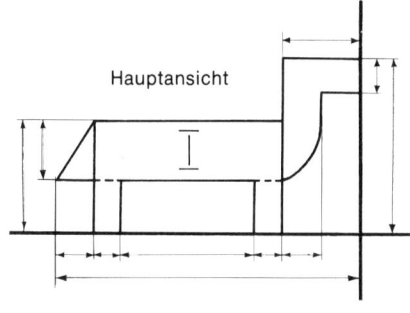

Hauptansicht

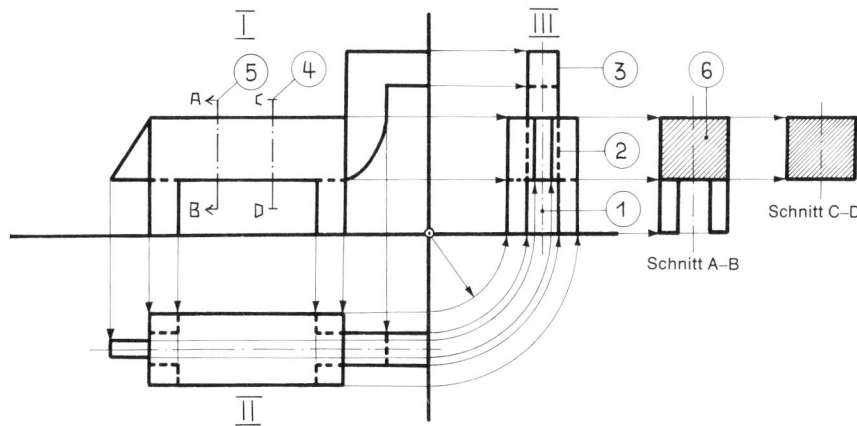

Schnitt C–D

Schnitt A–B

ansicht werden kann, stört dabei nicht.

Die Hauptansicht (wesentliche Ansicht) ist grundsätzlich die Seite, die die meisten Anhaltspunkte für das Konstruieren der anderen Ansichten liefert. Zum Beispiel: Das durch räumlicher Skizze entworfene vierfüßige Rohlingstier zeigt auf den Seiten am meisten von seinem Körper.

Aus der darstellenden Geometrie entlehnt man nun die Projektionsachsen und zeichnet dieselben als erstes auf ein Stück Papier. Anschließend ordnet man die Hauptachsen (oder sagen wir die Mittellinien) des Tieres parallel zu den Projektionsachsen und zeichnet die Hauptansicht entsprechend ein.

Von der Hauptansicht ausgehend zieht man von allen Kanten und Ekken feine Hilfslinien sowohl nach unten als auch nach der Seite und bildet damit die anderen Ansichten. Die

Seitenansicht vollendet sich mit Hilfe der Kreisbogenkonstruktion.

1 Mittellinie (Hilfslinie für das Einordnen)
2 Dem Auge unsichtbare Kanten und Ecken
3 Sichtbare Kanten und Ecken
4 Schnittstelle ohne Pfeile (nur die Schnittfläche zeichnen)
5 Schnittstelle mit Blickrichtungspfeilen (alles in dieser Blickrichtung Wahrnehmbare wird mitgezeichnet)
6 Schnittfläche (sie wird durch schräge Linien dargestellt. Unsichtbare Kanten und Ecken tragen wir in diese Fläche nur ausnahmsweise ein!)

Die Seitenansicht (III) zeigt jetzt auf den hinteren Teil des Tieres (den Schwanz). Wenn man ihm »aufs Maul schauen« will, dann ordnet man die Hauptansicht so auf die Projektionsachsen ein, daß der Kopf nach der linken Seite zeigt (oder projiziert die Seitenansicht einfach nach

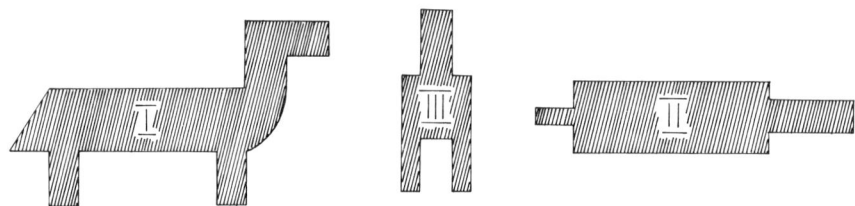

links anstatt nach rechts). Dies nur zum weiteren Verständnis des »technischen Sehens«. Für die Sägeschablonen benötigt man lediglich die Umrisse, und diese sind auf beiden Seitenprojektionen gleich!
Wie bei einem Scherenschnitt fertigt man aus den gewonnenen Ansichten die gewünschten Sägeschablonen.
Bei der Zeichenarbeit wird später auf die Hilfslinien verzichtet und die zum Konstruieren notwendigen Punkte nur noch mit dem Stechzirkel übertragen. Um die Querschnittsform eines bestimmten Körperteiles kennenzulernen (oder Einblick zu bekommen), schneidet man ihn gedanklich an der fraglichen Stelle durch. Bei dem Tier wurde das zeichnerisch am Rumpf praktiziert, und man erhielt so den Schnitt.

Am Beispiel einer Streichholzschachtel kann man sich das Gelernte auf einfache Weise noch einmal klar vor Augen führen. Man legt sie mit der Breitseite parallel zu sich auf ein Stück Papier. Der Aufdruck ist die

Hauptansicht. Jetzt umfährt man mit dem Bleistift die Konturen. Ein anschließendes Kippen um 90° nach unten ergibt die Draufsicht, zum Ausgangspunkt zurück und nach rechts gekippt die Seitenansicht. Auf diese Weise erhält man von den Tonmodellen die Sägeschablonen.
Man kann geplante Figuren mit rundplastischer Formgebung ohne weiteres auch technisch zeichnen. Der Vorteil ist dabei, daß man mit den Umrißlinien sofort die notwendigen Aussägeschablonen besitzt. Ein Beispiel dafür sind die Arbeitszeichnungen der Studienmodelle in diesem Buch. Die Linienführung dieser Zeichnungen besteht aus den in diesem Kapitel besprochenen Umrissen, zusätzlich der Linien der Hauptschnittkanten und der Schnittflächenecken der geplanten Figuren. Wenn eine Kante oder Ecklinie in einer rundplastischen Fläche verläuft, dann deutet man diesen Übergang gestrichelt oder punktiert an und beendet damit die scharfe Kante oder die scharfe Ecke.

Ein Figurenrohling entsteht

Man beginnt mit einem auf das richtige Maß zugesägten Brett- oder Bohlenstück, das als Figurenklotz bezeichnet wird. Bei größeren Arbeiten müssen unter Umständen auch mehrere Stücke aufeinandergefügt und verleimt werden (siehe Seite 49). Von diesem Ausgangspunkt her fertigt man den Rohling, die grobe Vorfigur, an, welche die Umrisse der Hauptansicht, der Seitenansicht oder vielleicht auch die der Draufsicht der werdenden Figur besitzt.

Zum Aufzeichnen der Vorfigur auf den Klotz benützt man die Schablonen. Man legt zuerst die der Hauptansicht auf und umfährt die Ränder mit einem weichen Bleistift. Dort wo die anderen Schablonen nach dem ersten Aussägevorgang nicht mehr aufliegen, visiert man die Konturen (über den Schablonenrand) auf das Holz.

Beim Schnitzen mehrerer Figuren (das ist besonders bei einer Weihnachtskrippe der Fall), leisten Schablonen beim Einteilen des zur Verfügung stehenden Holzes sehr gute Dienste. Man hat dann weniger Verschnitt.

Umrahmte Zahlen in den Entwürfen bedeuten die Reihenfolge der Aussägearbeit. Bei der unteren Abbildung beginnt man beispielsweise mit der Hauptansicht (1), und erst in zweiter Linie wird die Seitenansicht gefertigt (2). Bei manchen Figuren kann auch ein drittes Aussägen mit einbezogen werden. Die Stütze (Pfeil) nicht vergessen! Ein unsicheres Unterlegen des Rohlings auf dem Maschinentisch kann man dadurch ersparen.

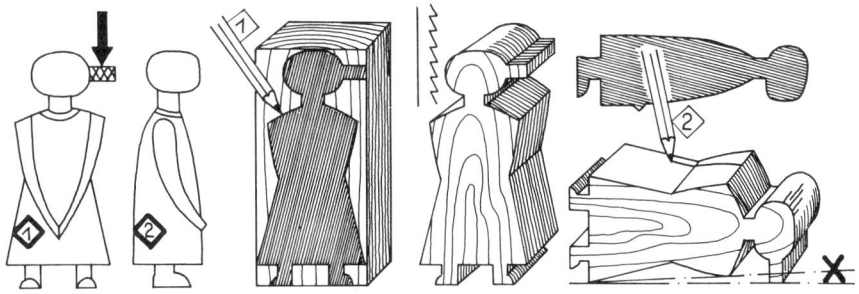

Zum Aussägen benützt man die Band- oder Dekupiersäge. Erstere hat den Vorrang. Letztere kommt vor allem dann in Betracht, wenn man sich mit durchbrochenen Schnitzereien beschäftigt.

Wenn man diese nützlichen Werkzeuge nicht besitzt, kann man sich bei kleinen Figuren mit einer Handsäge behelfen – auf den Gedanken, einen Rohling mühsam herauszuschnitzen, sollte man nie kommen. Der Weg zum Zimmermann oder Schreiner ist zweckmäßiger. Die Bemerkung, daß es sich für jeden lohnt, über das gute und erschwingliche Heimwerker-Angebot der Industrie nachzudenken, ist hier gewiß nicht fehl am Platz.

Mit Sägewerkzeugen kann man den Rohling stellenweise rundplastisch vorformen und große Materialstücke anstatt durch Schnitzen auf diese Weise wegarbeiten. Allerdings ist jede Voreiligkeit oder gar Leichtsinn unangebracht, da die schnellarbeitenden Maschinen schon manches Werkstück aus der Hand gerissen und Verletzungen verursacht haben. Ein Werkstück wird stets so gehalten, daß die Finger nicht in Gefahr kommen. In der jeweiligen sicheren Zone wird jedoch fest zugepackt. Ein zimperliches und ängstliches Anfassen des Werkstückes fordert Gefahren heraus, anstatt sie zu verhüten – deshalb immer auf eine gute Auflage (Stütze) für das Werkstück achten.

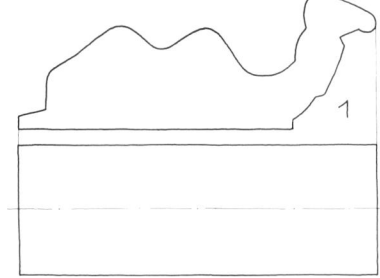

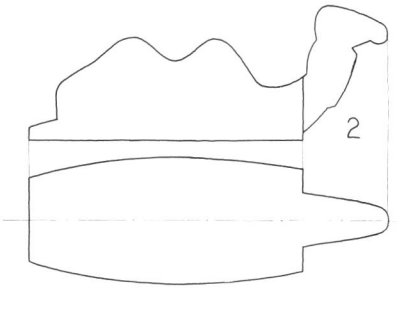

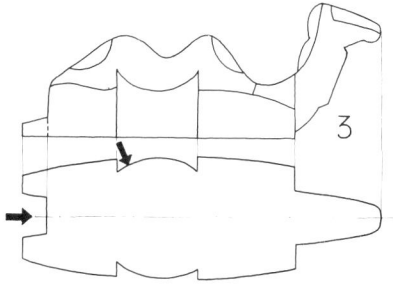

Das Anfertigen eines Tierrohlings: Zuerst sägt man aus dem Figurenklotz die Hauptansicht des Tieres, als zweites in größeren Zügen die Draufsicht, dann folgt die Vorformung der Körperteile. Anfänger verzichten vorerst noch auf den 3. Arbeitsgang – beziehen jedoch gleich bei 2 das Aussägen der Aussparungen (siehe Pfeile) mit ein.

Der richtige Faserverlauf im Rohling

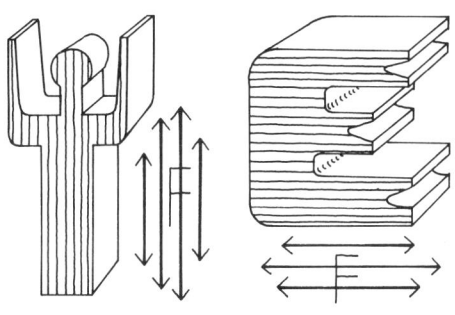
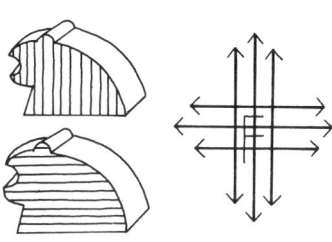

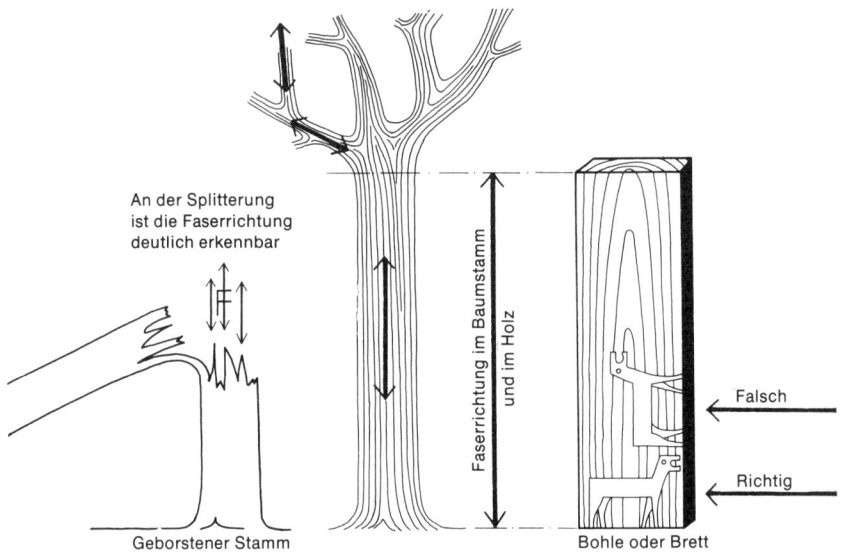

An der Splitterung ist die Faserrichtung deutlich erkennbar

Faserrichtung im Baumstamm und im Holz

Falsch

Richtig

Geborstener Stamm

Bohle oder Brett

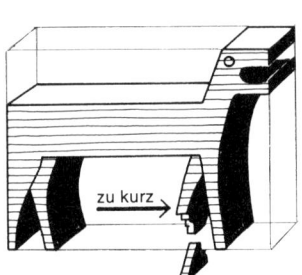

zu kurz

Falsche Faserrichtung im Rohling. Die Beine sind einer großen Bruchgefahr ausgesetzt, weil der Faserverlauf in ihnen zu kurz ist.

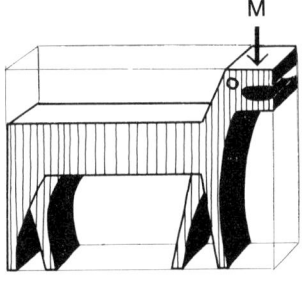

M

Richtige Faserrichtung im Rohling. Die Beine besitzen einen langen Faserverlauf.

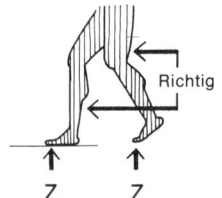

Richtig

Z   Z

Um den Figuren die bestmögliche Materialfestigkeit zu geben, dürfen die Rohlinge nicht willkürlich aus dem Brett oder der Bohle gesägt werden. Man muß auf den richtigen Faserverlauf achten. Ein Beispiel: Wenn man ein Tier mit dünnen Beinen schnitzt, muß die Faserrichtung mit diesen parallel verlaufen, sonst würden sie schon beim Schnitzen zerbrechen. Je länger die Faserrichtung mit einem Figurenteil gleichläuft, um so mehr ist dieser gegen Bruchgefahr gefeit.

An den dicken und starken Stellen einer Figur spielt der Faserverlauf eine untergeordnete Rolle. Das Augenmerk gilt den gefährdeten (dünnen) Stellen, und unter diesen den Vorrangigen.

Zum Beispiel (siehe Abbildungen):

Die Festigkeit der Tierbeine ist wichtiger als die des geöffneten Maules (Pfeil M). Dasselbe gilt für die Menschenbeine, an denen die Füße und Zehen (Pfeil Z) benachteiligt werden müssen.

Sofern nicht andere Gründe dagegen sprechen, können in sich geschlossene kompakte Figuren (ohne freiabstehende Teile) einen beliebigen Faserverlauf besitzen. (Siehe Froschrohling Seite 45.) Die Pfeilbündel geben jeweils die Faserrichtung der entstehenden Figur an.

Vorbereitung von Hölzern für das Verleimen

Alle aus einem Holzstück geschnitzten Figuren entsprechen den Idealvorstellungen! Nicht zuletzt weil dadurch die Maserung und die Tönung des Holzes ein einheitliches Ganzes bilden. Figuren, die aus mehreren verleimten Hölzern bestehen, neigen zu Schönheitsfehlern und handwerklichen Mängeln. Es besteht die Gefahr, daß die Holzfarben stark voneinander abweichen und daß an den Fugen lebhafte und ruhigere Maserungen aufeinandertreffen.

Leider läßt sich das Fügen und Verleimen von Hölzern nicht ganz umgehen. Man denke nur an alle größeren Schnitzvorhaben. Selbst wenn ein dicker Baum eine entsprechende breite Reliefplatte liefern würde, könnte man durch das starke Hohlwerden oder Aufreißen mit derselben im Naturzustand wenig anfangen.

Es bleibt darum nichts anderes übrig, als sich mit den rein handwerklichen Vorbereitungen zu befassen und diese zu beherzigen.

Bretter oder Bohlen darf man nicht willkürlich zusammenfügen. Das Arbeiten des Holzes muß berücksichtigt werden. Das Holz sollte in seiner Maserung und Naturfarbe zusammenpassen. Man verwendet aus diesem Grunde möglichst Holz vom gleichen Stamm.

Für das Fügen und Verleimen verwendet man nur gut abgelagertes und getrocknetes Holz.

Auf die zum Teil heimtückischen Wind- und Trockenrisse muß man beim Zuschneiden genau achten. Unvermeidliche Äste verweist man an später unsichtbare Plätze – oder dorthin, wo sie nicht stören. Nie die Maßzugabe vergessen!

Das Lagerholz läßt man roh zugeschnitten noch ein paar Tage in der Werkstatt stehen. Es hat dann noch einmal die Gelegenheit, sich zu entspannen.

Nach diesen vorsorglichen Maßnahmen kann man das Holz getrost auf der Hobelmaschine abrichten.

Die zusammengehörigen und geordneten Hölzer versieht man anschließend (damit sie nicht verwechselt werden) mit Zeichen oder Zahlen. (Siehe gegenüberliegende Seite: Das Fügen einer Reliefplatte.)

1 Die Seitenbretter sind richtig zusammengefügt. Alle rechten Seiten sind vereinigt und die Splintseiten liegen aneinander.

2 Wenn man Bretter schmäler macht, ist das Rundwerden der

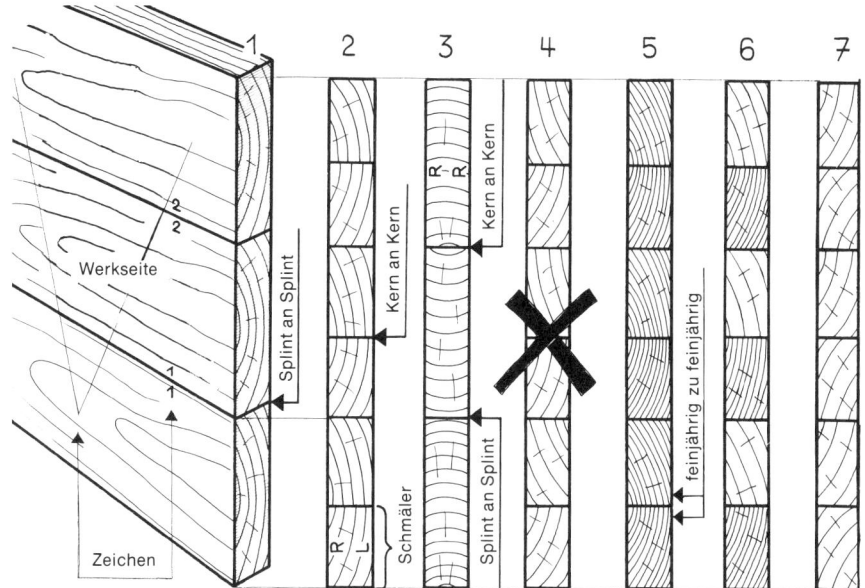

Werkseite der Reliefplatte geringer.

3 Am besten eignen sich zur Herstellung einer Relieftafel die Herzbretter mit ihren rechten Seiten. Ein Rundwerden ist nicht zu befürchten. Von Vorteil ist außerdem die gleichmäßige Maserung. Sie ordnet sich dem Relief später unter.

4 So ist es falsch! Der Kern ist an den Splint gefügt. Ein zu unterschiedliches Arbeiten des Holzes würde die Verleimung ernstlich gefährden!

5 Nur gleichartiges Holz wurde aneinandergefügt.

6 Für spezielle Vorhaben ist ein rhythmischer Wechsel in der Oberflächenstruktur erwünscht.

7 Durch das wechselweise Hohl- und Rundwerden der Bretter kompensiert sich die Platte.

(Auf der Abbildung auch die Markstrahlen beachten.)

In einem Figurenklotz ist das Holz großflächig aufeinandergefügt. Es liegt auf der Hand, daß damit noch

Fügen eines Figurenklotzes

wesentlich stärkere Kräfte wirksam werden als beim Fügen einer Reliefplatte. Die Arbeitskraft des Holzes gleicht einem Ungeheuer. In welche Richtung seine Kräfte wirken, ersieht man deutlich an seinem arbeitenden Leib und geht daher bei der Fügarbeit so vor, daß man diese für sich nutzt.

Das Holz arbeitet sich auf seiner linken Seite hohl und auf seiner rechten rund. Fügt man Bretter oder Bohlen rechts auf rechts, dann ist die Gefahr sehr groß, daß die Verleimung wieder aufreißt. Die entgegengesetzt wirkende Kraft des Holzes zerrt die Fugen auseinander.

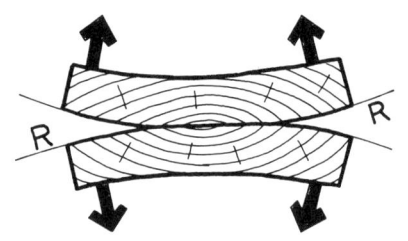

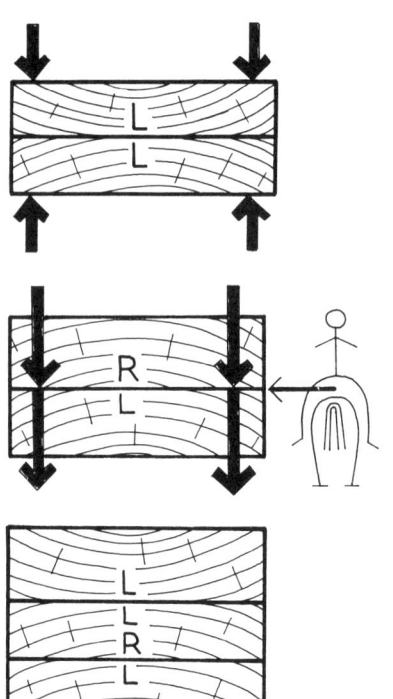

Man wendet deshalb eine List an und fügt die linken Seiten der Bretter aufeinander. Jetzt drückt die Arbeitskraft des Holzes die Leimfugen zusammen.

Die linken und die rechten Brettseiten arbeiten miteinander in dieselbe Richtung. Sie »reiten« aufeinander.

Die Erfahrung zeigt, daß bei guter Arbeit der Vorteil das kleine Risiko überwiegt.

Man hat die Möglichkeit, dritte Brettlagen so zu fügen, oder man lasse alle Bretter reiten (siehe folgende Abbildung der nächsten Seite). Diese Fügung ergibt eine einheitliche Struktur, welche für naturfarbene Figuren von Vorteil ist.

Bei drei Lagen darf ein Brett auch rechts auf rechts angefügt werden (bei der vierten ergibt sich wieder links auf links). Der Grund für diese Ausnahme ist: Die Arbeitskraft des Holzes ist durch die ein- oder zweimalige Links-auf-links-Fügung bereits gebunden (geschwächt). Die beiden Innenhölzer können durch Aufschneiden zusätzlich gezügelt werden.

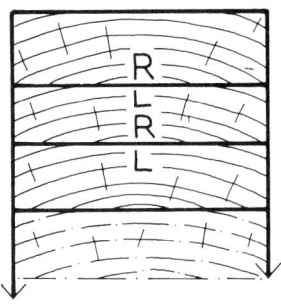

Herzbretter mit ihren aufrechtstehenden Jahren nehmen eine Sonderstellung ein und können unbedenklich gefügt und verleimt werden.

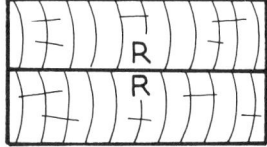

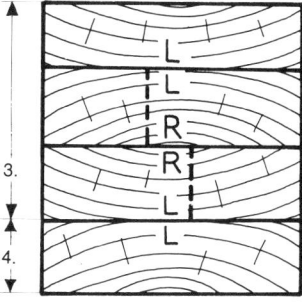

Noch eine grundsätzliche Feststellung: Mit dem Herstellen einer Relieftafel oder eines Figurenklotzes ist immer ein Risiko verbunden. Auch der Fachmann wird bei seiner Arbeit ständig vor neue Aufgaben gestellt.

Diese Fügbeispiele sind jedoch grundlegende Anhaltspunkte zur Bändigung des Holzes. Daß ein schlampiges und gleichgültiges Arbeiten ein Gelingen von vornherein vereitelt, ist klar.

Das Absichern der Fugen

Der Bildhauer fügt und verleimt in den meisten Fällen sehr starke Hölzer. Entsprechend ist – trotz vollzogenem Trockenprozeß – auch das Temperament in ihnen. Das Quellen und Schwinden je nach Luftfeuch-

tigkeit bleibt ihre Schwäche und birgt für uns ständige Gefahrenpunkte. Eine stumpf verleimte Fuge ist ohne Absicherung. Mit dem Zahnhobel läßt sich das ändern. Die aufgerauhten Leimflächen greifen dann

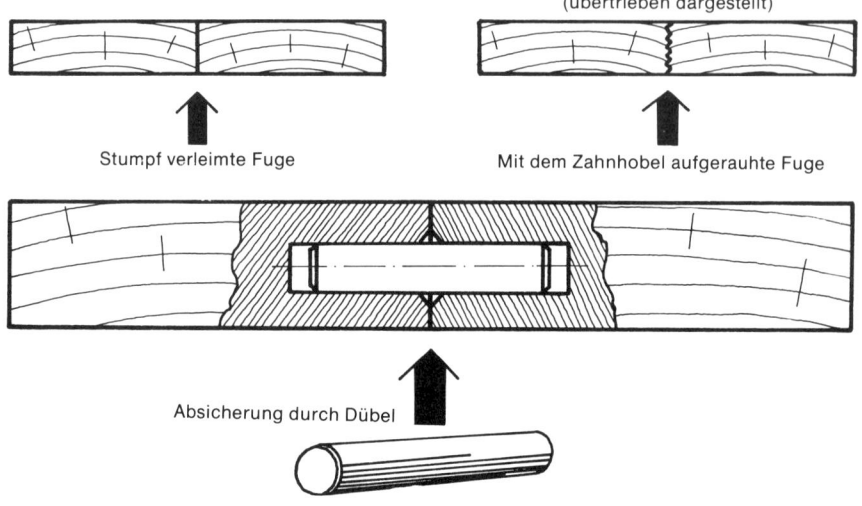

Stumpf verleimte Fuge

(übertrieben dargestellt)

Mit dem Zahnhobel aufgerauhte Fuge

Absicherung durch Dübel

1 Bohrwinde, 2 Schlangenbohrer, 3 Zwinge, 4 Dübeleisen 5 Dübel

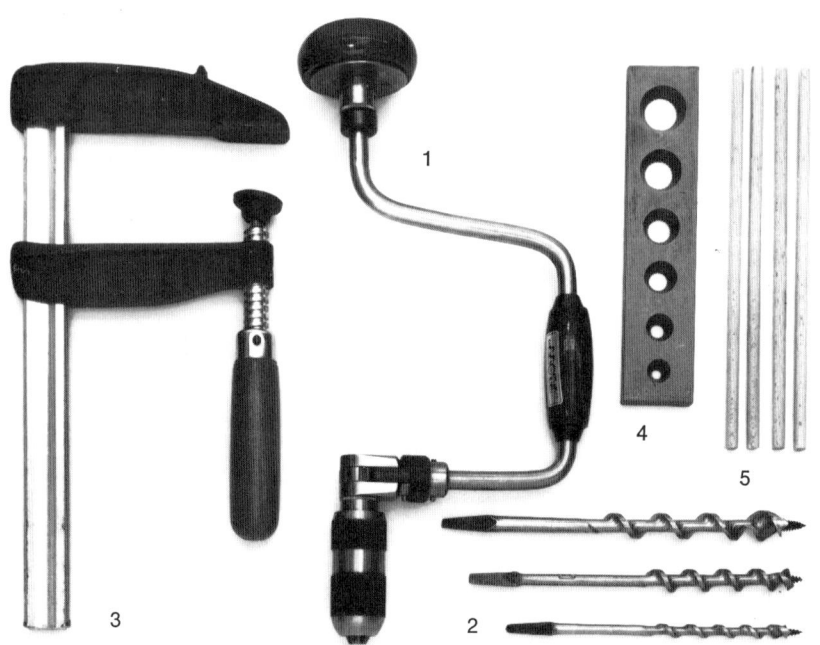

wie eine Verzahnung ineinander ein und geben dadurch der Holzverbindung eine größere Sicherheit.

Zur Absicherung der verleimten Fugen verwendet man in den meisten Fällen den Dübel. Dieser hat sich gut bewährt. Man benötigt dazu lediglich eine Bohrwinde und ein paar Schlangenbohrer. Dübel lassen sich leicht anfertigen, besonders dann, wenn man ein Dübeleisen benützt. Sie sind in Stäben auch käuflich zu erwerben und bestehen aus gut getrocknetem Buchen- oder Eschenholz. Die Dübellöcher müssen natürlich immer so gebohrt werden, daß sie später nicht mit den plastischen Formvorgängen in Konflikt kommen.

Anzeichnen von Dübellöchern

Mit diesem kleinen Problem sollte man sich kurz beschäftigen. Schon geringfügige Abweichungen im Gegenstück bringen in der Praxis Verdruß – den man sich ersparen kann. Beispiel: Zuerst zeichnet man am Stück A die vorgesehenen Lochstellen an und schlägt in diese je einen kleinen Nagel ein. Ihre Köpfe werden anschließend abgezwickt. Durch Andrücken der Hölzer erhält man danach auf B die zu A passenden Lochmarkierungen.

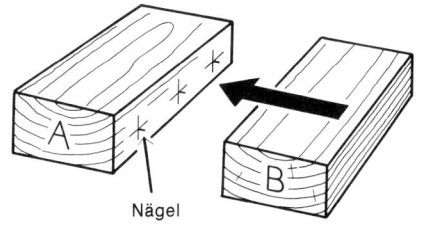

Nägel

Einige Ratschläge für das Verleimen

Das Zusammenpressen der Hölzer bewerkstelligt man mit Schraubzwingen.

In der kalten Jahreszeit werden die Leimflächen vor dem Antragen des Bindemittels leicht angewärmt. Das kann in der Nähe jedes Heizkörpers geschehen.

Mit dem im Handel fertig beziehbaren Kaltleim hat man die geringsten Probleme. Bei hellen Hölzern besteht allerdings der kleine Nachteil, daß dieser Leim die Fugenränder etwas verfärbt.

Warmleim hat in dieser Hinsicht einen Vorteil – aber arbeitstechnisch ist ein wenig mehr Aufwand und Geschicklichkeit erforderlich. Nach dem Warmkochen muß dieses Bindemittel richtig dünnflüssig sein und das Leimangeben und Fügen sehr schnell vonstatten gehen.

Die Zwingen werden mit aller Kraft angedreht. Der Leim soll in die Poren des Holzes hineingepreßt werden und darf nicht als dünne Schicht in der Fuge bestehen bleiben. Lieber etwas mehr Zwingen benützen als zu wenige! Den aus den Fugen gepreßten Leim muß man sofort mit einem nassen Schwamm abwischen und kontrollieren, ob irgendwo eine klaffende Stelle ist. Bei richtigem Andrehen der Spannwerkzeuge darf eine Leimfuge kaum noch erkennbar sein – so dicht müssen die Hölzer aneinanderliegen.

Mindestens 6 bis 8 Stunden muß gewartet werden, bis man weiterarbeiten kann, da vorher die Fugen nicht fest genug verbunden sind.

Der weiße Holzleim (Ponal) von der Firma Henkel hat sich gut bewährt. Bei Brett- und Bohlenverleimungen trage man ihn mit einem Pinsel beidseitig satt auf.

Eine Figur entsteht

Die Modelle sind so gezeichnet, daß die wesentlichen Einzelheiten gut erkennbar sind. Sie sind mehr technisch als räumlich dargestellt, damit sie unter anderem als Pläne zur Fertigung der Rohlinge verwendet werden können. Die verschiedenen Ansichten zeigen die Umrisse der späteren Figur und liefern durch Abpausen die idealen Arbeitsschablonen zum Aussägen mit der Maschine. Die angegebenen Maße entsprechen den kleinen, handlichen Lehrmodellen, sie sollen nur Anhaltspunkte sein, ein Verführen zur Millimeterarbeit ist nicht beabsichtigt.

Als Vorlagen zur rundplastischen Formgebung dienen vor allem die jeweils dazugehörigen Fotos. Jedoch beides zusammen, Zeichnungen und Bilder, sollen sich gegenseitig ergänzen und auf diese Weise zu gut orientierenden Unterlagen werden. Wenn man Transparentpapier auf die Entwürfe legt und die durchschimmernden Umrißlinien mit dem Bleistift nachzieht, erhält man, ohne die Buchblätter zu beschädigen, die notwendigen Schablonen. Die wichtigste ist die der Hauptansicht. Auf sie soll man keinesfalls verzichten. Diese Umrißform wird auf das Brett-

oder Bohlenstück aufgezeichnet und ausgesägt und erspart viel unnötige Handarbeit mit den Schnitzeisen. Wenn möglich sägt man den Rohling auch in seiner Seitenansicht und in seiner Draufsicht aus.

Jede Entwurfszeichnung besitzt das Pfeilbündelzeichen, welches die richtige Faserrichtung des Holzes in der Figur angibt. Sich kreuzende Pfeilbündel besagen, daß man die Wahl zwischen zwei Faserrichtungen hat. Der Figurenrohling muß vermittels der Arbeitsschablonen so auf das Brettstück aufgezeichnet und ausgesägt werden, daß die Faserrichtung stimmt! Die Längsrichtung des Brettes oder der Bohle ist (zugleich) identisch mit der Faserrichtung in ihnen. Ein Irrtum ist somit ausgeschlossen.

Beim Werdegang des Rohlings bedient man sich eines Sehens, wie es der Konstrukteur, der Maschinenzeichner und der Werkmann anwenden, um Geplantes zu fertigen. Wir sehen die Figur vorerst nur in den kantig-geradflächigen Formen ihrer verschiedenen Ansichten. Auch nach der Aussägearbeit ist es zweckmäßig, weitere Figurendetails auf diese Weise mit den Schnitzeisen

vorzuformen und erst dann zur rundplastischen Formgebung überzuge-
hen, wenn diese Möglichkeit erschöpft ist. Diese Methodik verwertet
das maschinentechnische Sehen
und erlaubt, die Figur systematisch
und sicher zu vollenden. Das ist eine
so unkomplizierte Handhabung der
Materie, daß die restliche Arbeit der

rundplastischen Formgebung nur
noch wie ein starkes Brechen der
Kanten empfunden wird.
Das Fabeltier soll auf den folgenden
Fotoseiten Beispiel für den Werdegang einer Figur sein. Diese Plastik
zeigt, was sich mit einfachen Mitteln
erreichen läßt. Die Art der Oberflächenbearbeitung ist beliebig, z. B.

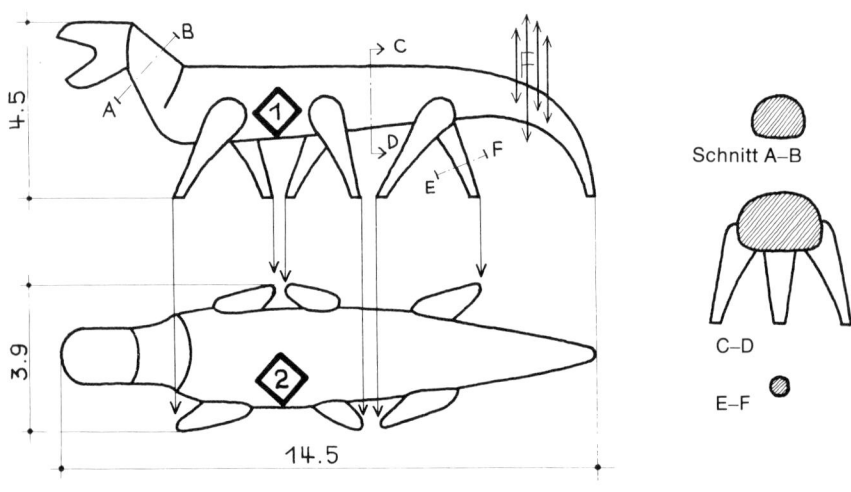

Schnitt A–B

C–D

E–F

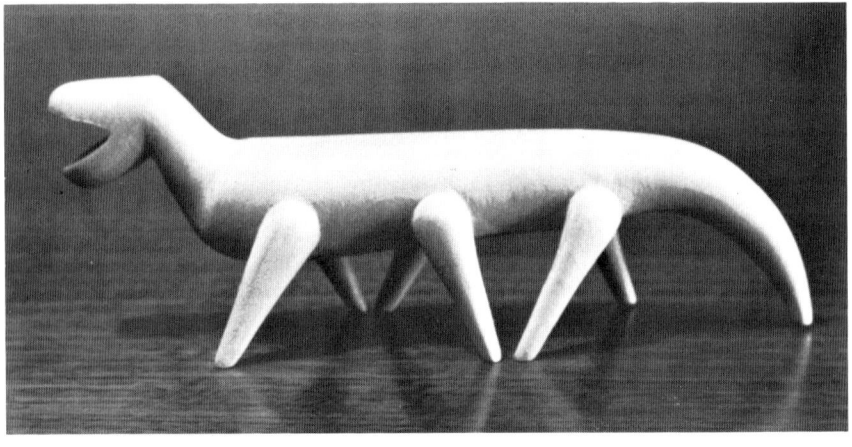

von selbst entstandenes Schnittflä-
chengewand, mit dem Hohleisen an-
gelegtes Schuppenkleid, glatthäuti-
ges Aussehen durch Abschleifen.
Die Vollplastik: Bei ihr sind ringsum
alle Formglieder fertig durchgear-
beitet. Auch wenn das Schwerge-
wicht bei einer Ansicht liegen soll, so
wird doch keine Seite vernachläs-
sigt.

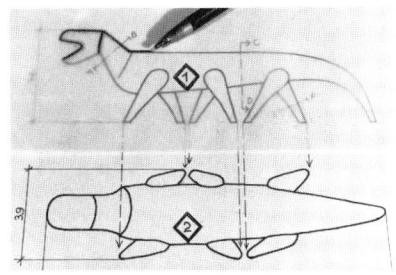

1a = Abpausen des Entwurfs auf
Transparentpapier.
 b = Vergrößern desselben, siehe
Seite 59.
 c = Vergrößerte Ansichten zu
Schablonen ausschneiden.

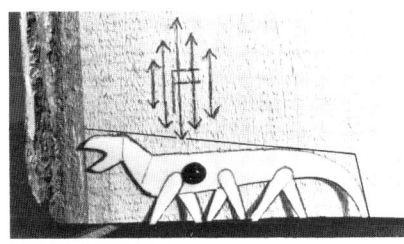

2a = Schablone (1) auf das Linden-
holzbrett legen, richtig zum Faserverlauf einordnen und aufzeichnen
(siehe Pfeilbündel).

b = Als Figurenklötzchen großzügig vom Brett abtrennen.

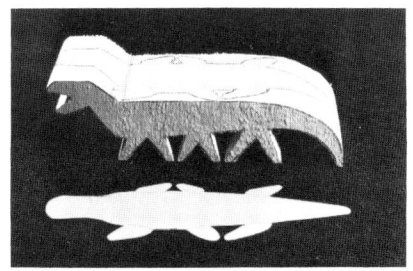

3a = Jetzt die aufgezeichnete
Hauptansicht (1) aussägen.
 b = Die Draufsichtschablone (2)
aufzeichnen.

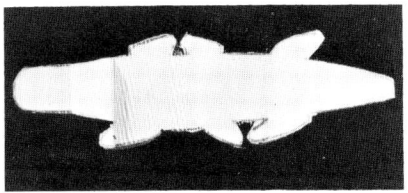

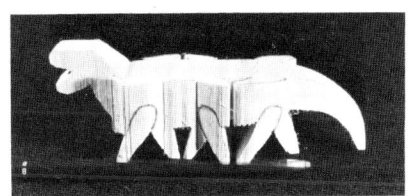

4a = Draufsicht aussägen.
 b = Die Bewegungsrichtung der
Beine mit dem Bleistift markieren.
Nun ist der Rohling für das Schnitzen
vorbereitet. Die Fotos führen die
große Zeitersparnis bei einer derartigen Arbeitsplanung deutlich vor
Augen.

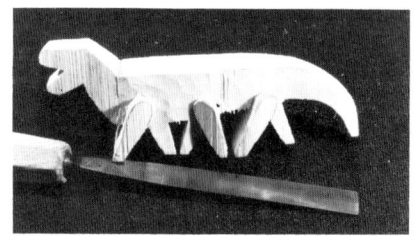

5 = Bewegungsrichtung der Beine auf beiden Hauptansichten freischaffen. (Flacheisen B 14)

6 = Werkstück auf den Rücken drehen und die durch das Sägen entstandenen Stege (schraffiert gekennzeichnet) wegschnitzen (Flacheisen B 14 und Hohleisen A 7).
Die Beine sind jetzt freigelegt.

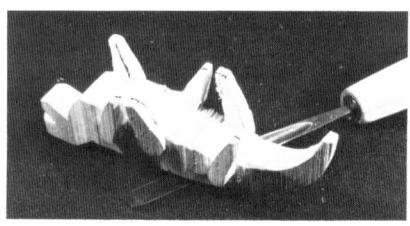

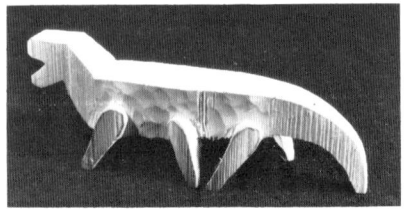

Die rein arbeitstechnische Vorbereitung der Figur ist jetzt erschöpft. Wir stellen uns auf das rundplastische Sehen und Gestalten um.

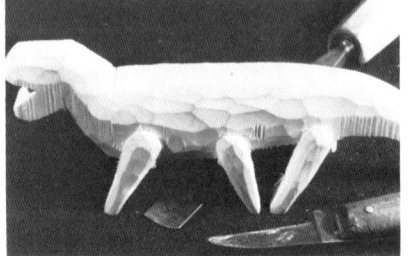

7a = Weitübergreifendes Brechen der Kanten durch großflächige Schnitte.
  b = Gesamtoberfläche ebenso großzügig bearbeiten. (Schnitzmesser und Flacheisen B 14)

Das Vergrößern eines Entwurfes

Das freie improvisierende Vergrößern eines Entwurfes nur mit dem Augenmaß ist nicht jedermanns Sache. Man sollte es trotzdem üben. Wenn man jedoch den Entwurf in Einzelabschnitte aufteilt, wird eine derartige Aufgabe zur Spielerei. Um das zu erreichen, bedeckt man den Entwurf mit einem aus gleichgroßen quadratischen Maschen bestehenden Liniennetz. Auf Anhieb hat man durch das Überschneiden von Entwurfs- und Netzlinien die Hilfspunkte für das Vergrößern erhalten. Je kleinmaschiger das Liniennetz gewählt wird, um so mehr Hilfspunkte gewinnt man. Es ist kein Fehler, wenn die Skizze oder Zeichnung vorher in eine Senkrechte und Waagerechte eingelotet wird.

Mit dem Liniennetz kann man jetzt eine Aufgabe lösen:
2,5fache Vergrößerung der kleinen Entwurfszeichnung »Vogelkind«. Die neue Seitenlänge der quadratischen Felder unseres zweiten Netzes ist somit das Ergebnis der Multiplikation mit 2,5. Jetzt kann man mit dem Augenmaß spielend leicht die Hilfspunkte vom kleinen in das größere Netz übertragen. Durch Verbinden der Punkte erhält man das vergrößerte Vogelkind. Ein ständiges Orientieren am Kleinentwurf ergibt die richtige Linienführung. Gut und sehr leicht zu handhabende Hilfsmittel sind außerdem Reduktionszirkel und Storchschnabel (Pantograph).

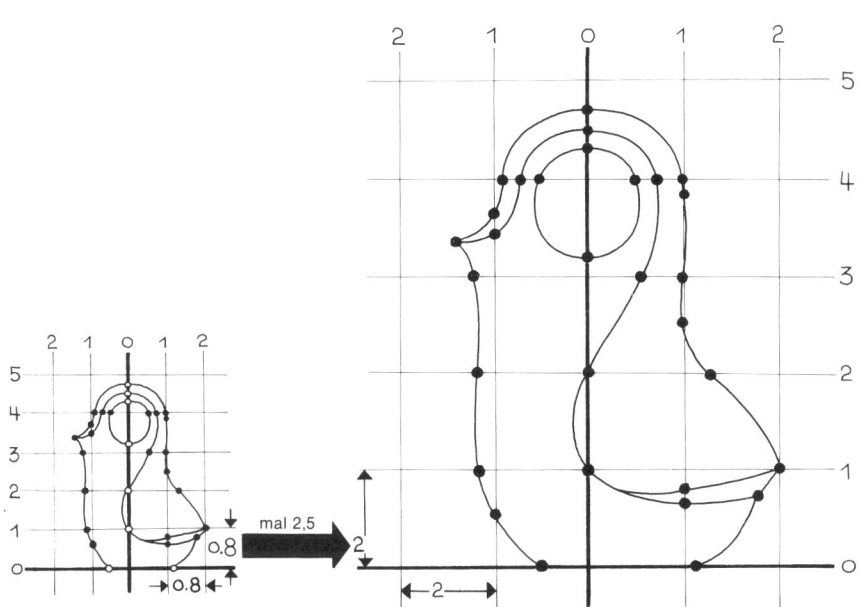

59

Vogelkind

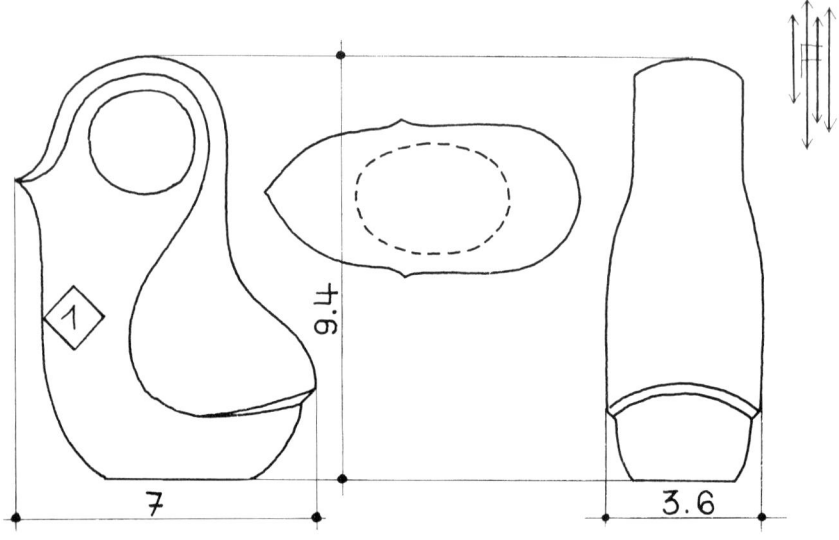

Sitzende Katze

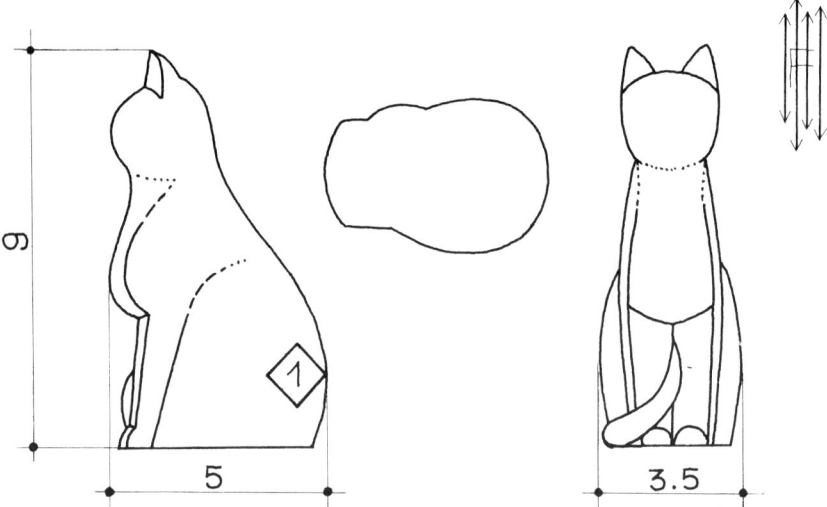

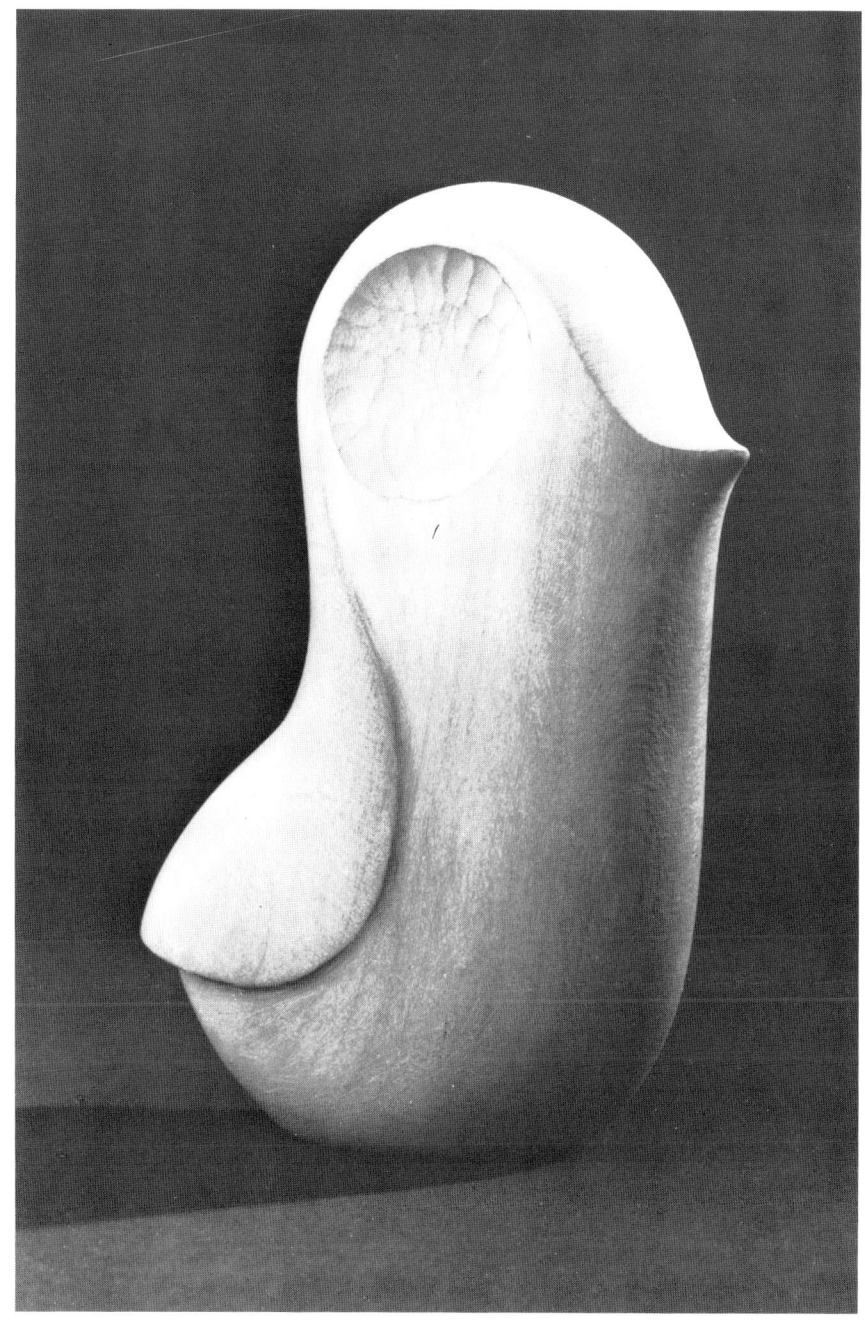

Ruhende Katze

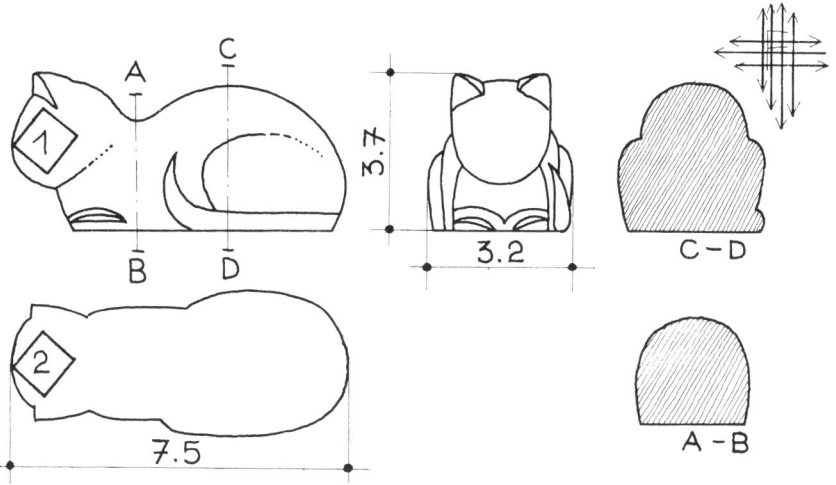

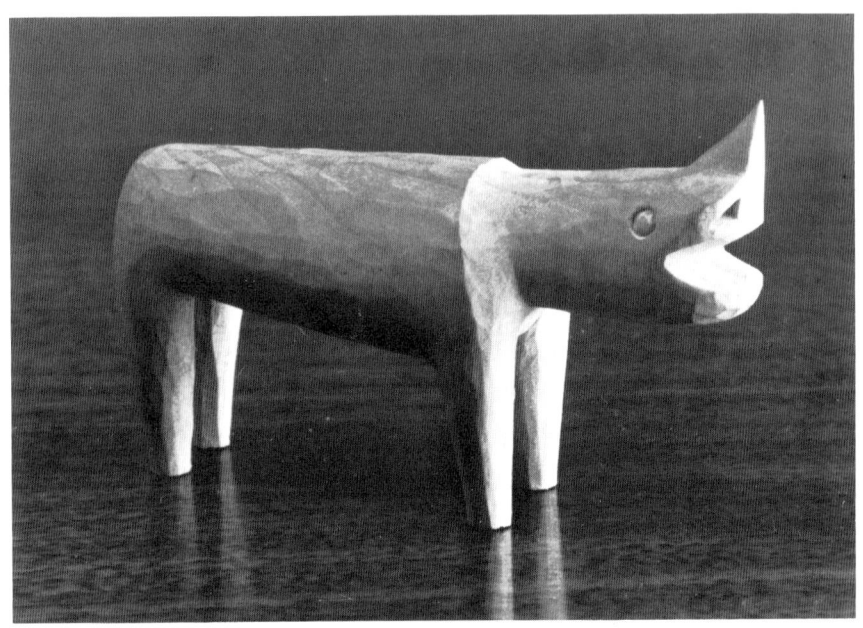

Das Nashorn ist eine typische Lehr-
arbeit für Anfänger. Es besteht aus
einem zylinderförmigen Rumpf, der
von vier Ständern getragen wird.

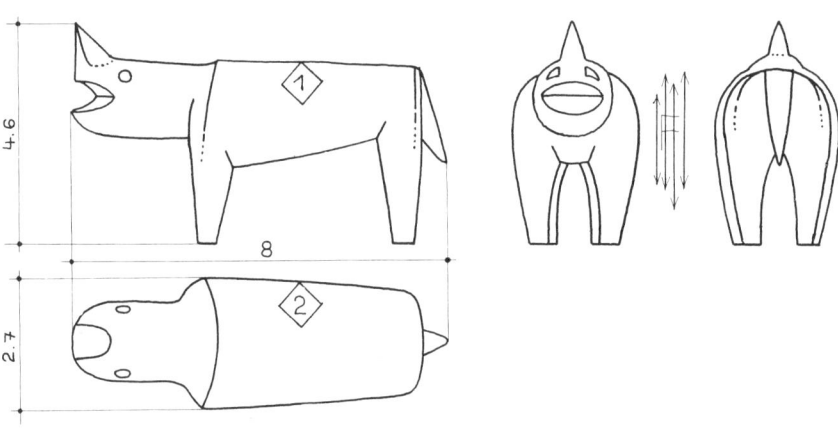

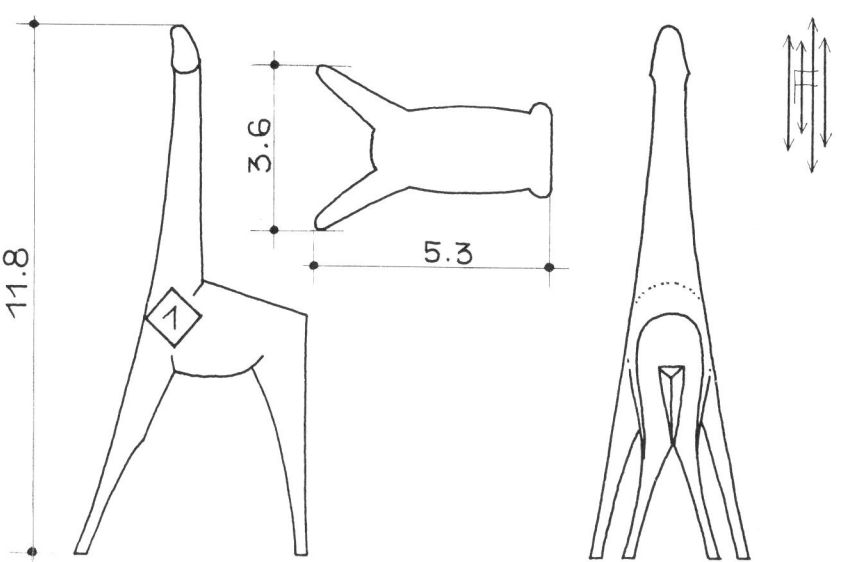

11.8

3.6

5.3

Giraffe

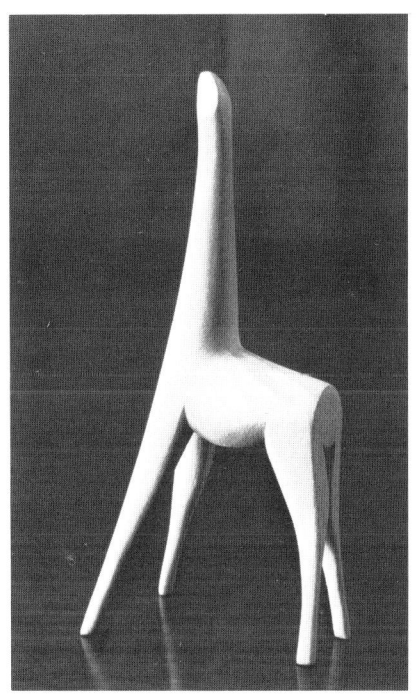

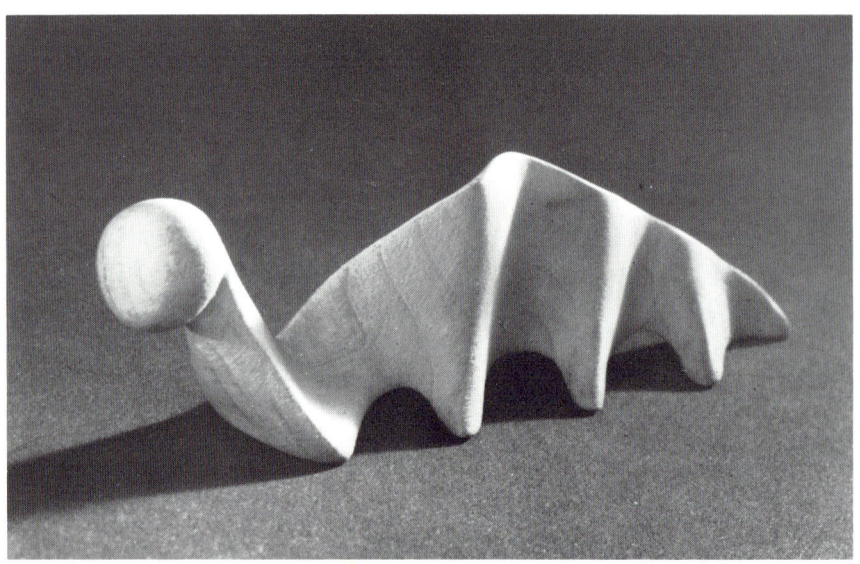

Kriechtier: Der Kugelkopf und der geradlinig gereckte Hals zeigen den Willen, vorwärtszukommen. In krümmenden Bewegungen folgt der Leib nach. Diese Kriechplastik gewinnt an Eindruck, wenn sie so fein wie möglich abgeschliffen wird.

Abbildung rechts: Die Qualle

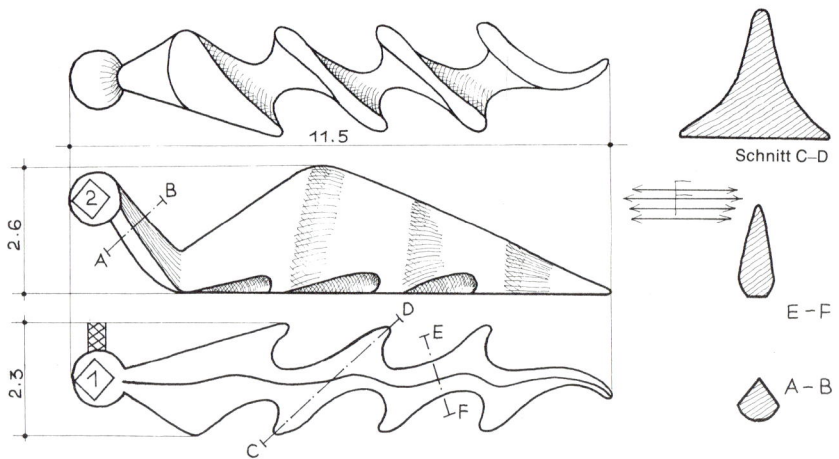

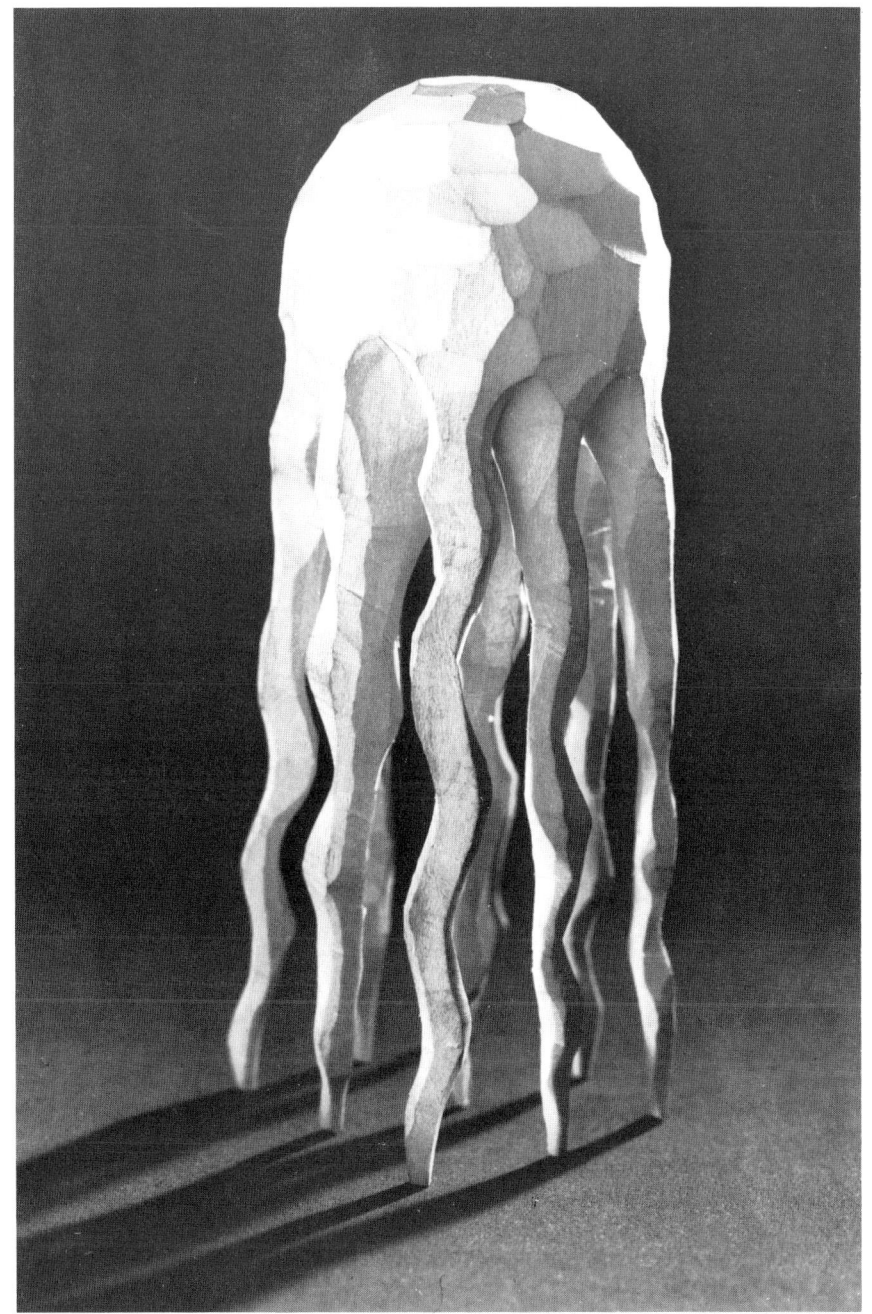

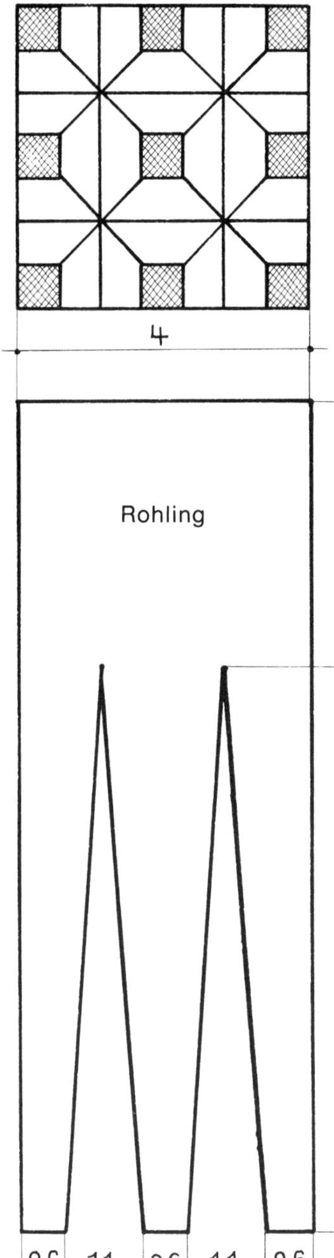

4

Rohling

7.5

1.1

| 0.6 | 1.1 | 0.6 | 1.1 | 0.6 |

Die Qualle besteht aus einer kompakten Halbkugel, die von neun Gliedern getragen wird. Sie könnten durch den senkrechten Faserverlauf noch dünner und feiner geschnitzt werden. In dieser Schnitzerei vereinigen sich Schlichtheit, Gegensätzlichkeit und materialgerechtes Denken zu einer lebendigen Harmonie. Für das Ausarbeiten der schlängelnden Glieder benützt man das Schnitzmesser.

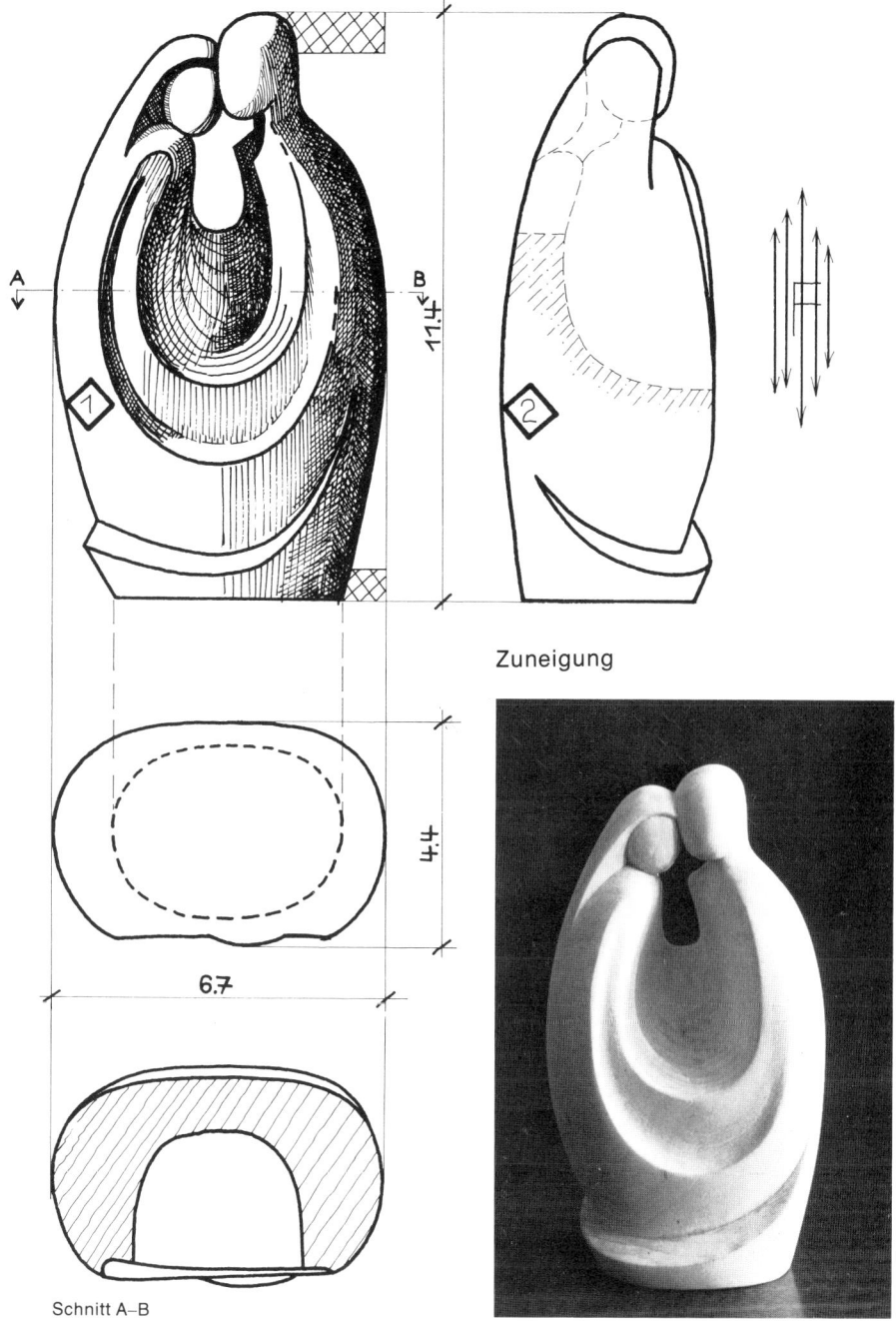

Zuneigung

Schnitt A–B

11,4

4,4

6,7

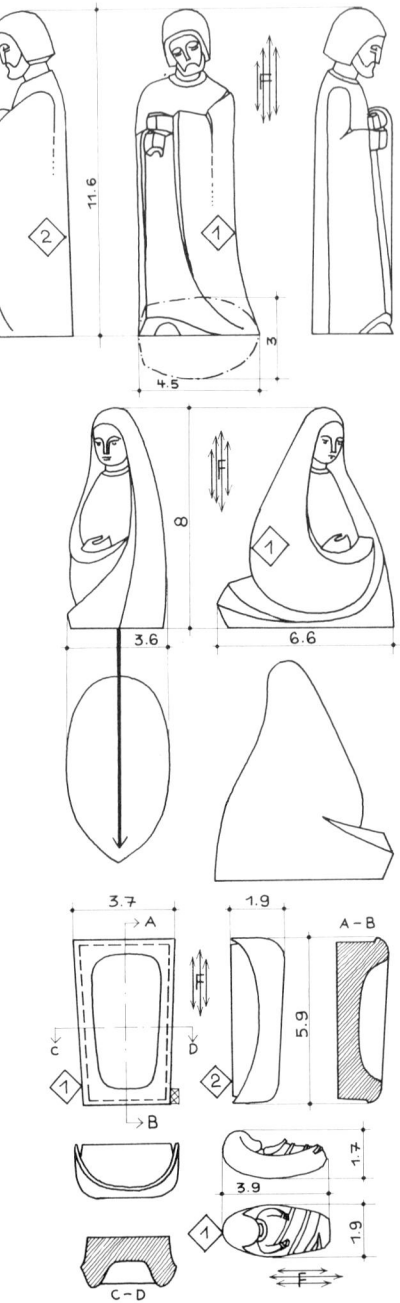

Erläuterungen zu den Krippenfiguren

Maria

Ein weites faltenloses Tuch umhüllt die Gestalt und läßt lediglich eine auf dem Körper liegende Hand und das Gesicht frei. Der Kopf ist leicht auf die am Boden stehende Krippe und das Kind geneigt.

Josef

Auch hier besteht der Körper aus einer glatten Umhüllung, welche nur den Kopf, die Hände und einen Fuß frei läßt.
Der Stab ist als Attribut des Wehrhaften, des Beschützenden beigegeben. Er wird in die Durchbohrung der Fäuste gesteckt.

Kind

Der kleine Körper ist eingewickelt. Eine Falte am Fußende, zwei Bänder, die freien Ärmchen, das kindliche Gesicht sind nur Beigabe zu der Formgebung.

Krippe

Ist ein Trögchen mit einem darüber-gelegten Tuch. Schnitztechnisch gesehen jedoch nur ein Holzklötzchen mit einer Vertiefung (Auskerbung).

Engel

Die Gewänder der gedrungenen Gestalten enden in Flügelandeutungen. Das einzige Empfindsame an diesen Figuren sind die Hände. Sie halten ein Notenblatt und die überlangen Schalmeien, welche in die durchbohrten Hände gesteckt sind. Die stilisierten Köpfe haben nichts mit den »süßen« Engelchen gemein.

Himmelsbogen

Der Name sagt, daß hier kein Stall oder eine Grotte gestaltet wurde – sondern sinnbildlich der weite Raum, der das Geschehen umgibt. In die weich geschwungene vertiefte Fläche dieser Krippenkulisse ist der Weihnachtsstern im Keilschnitt eingekerbt.

Einige Schablonen sollen zur Ergänzung der Krippe anregen.
Als weiterführendes Beispiel dienen die liegenden Schafe und der Hirte.

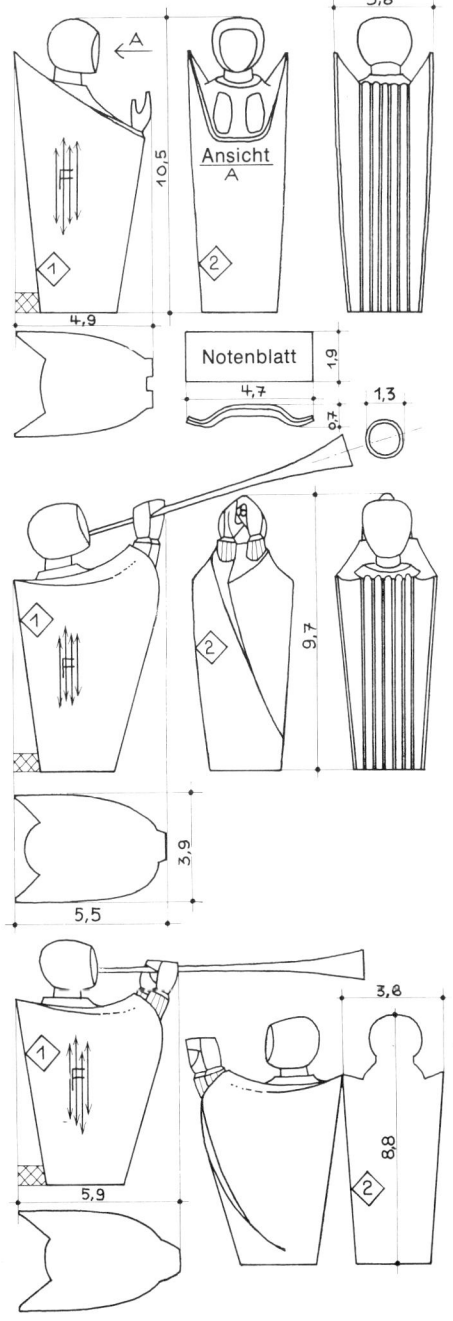

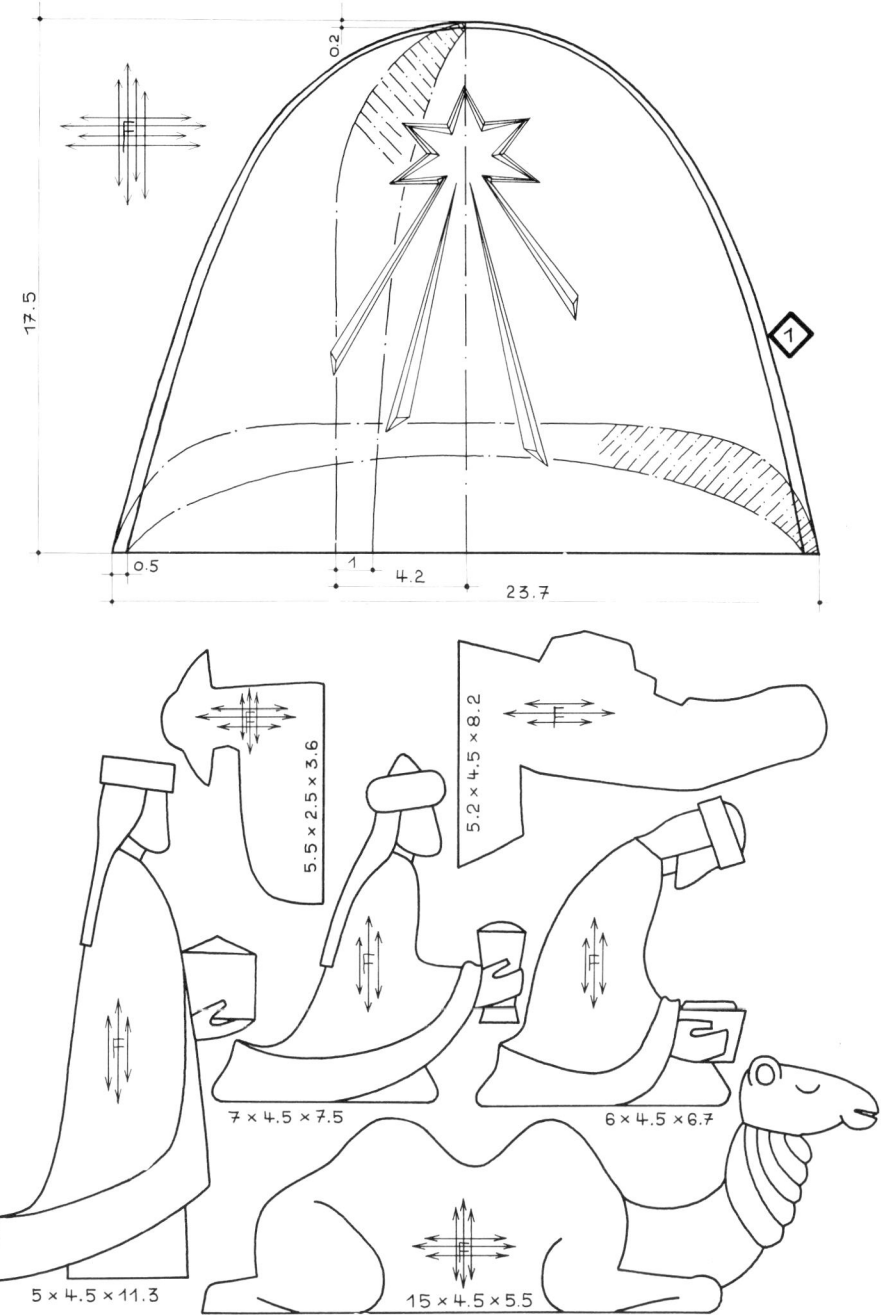

17.5

0.2

0.5

1

4.2

23.7

1

5.5 × 2.5 × 3.6

5.2 × 4.5 × 8.2

7 × 4.5 × 7.5

6 × 4.5 × 6.7

5 × 4.5 × 11.3

15 × 4.5 × 5.5

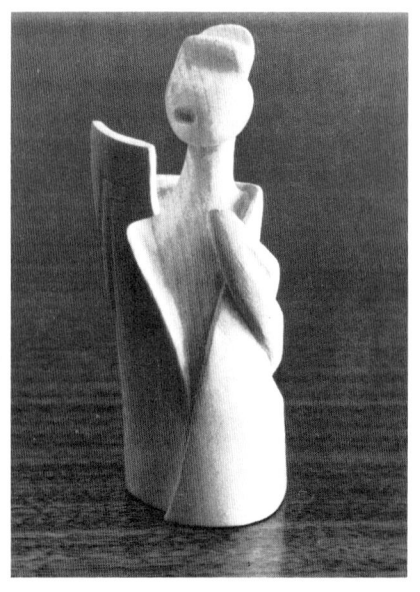

Diesen Schnitzereien liegt das Thema – Die Musik in der Formgestaltung – zugrunde. Sie sollen als Lehrmodelle zum freien Nachgestalten anregen.

Die Sängerin: Festlich gerichtet ist sie ganz Hingabe an den Gesang. Das Notenblatt und die Hände sind aus dem Gewand entwickelt. 5,5 × 3,2 × 8,6 cm.

Die schrägen Brüder: Die Körper gestalten Musik und begleiten ekstatisch die Töne. Die Figuren haften aneinander. 5,7 × 4,8 × 8,4 cm.

Die Triole: Sie ist ein fröhlich musizierendes Notenbild. Im Liniengewand vereinigt, trillern die Noten vergnügt auf ihre Weise. 6,8 × 4 × 11,3 cm.

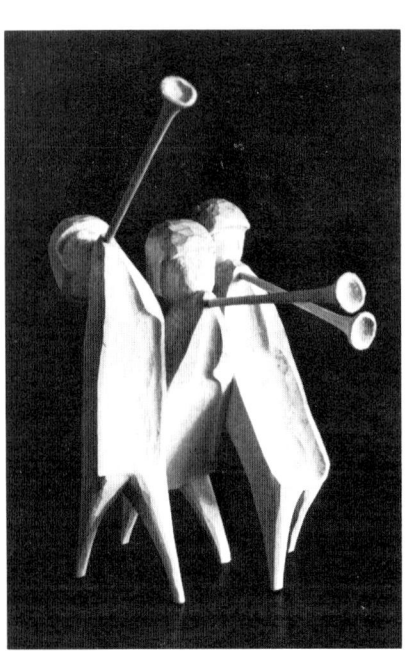

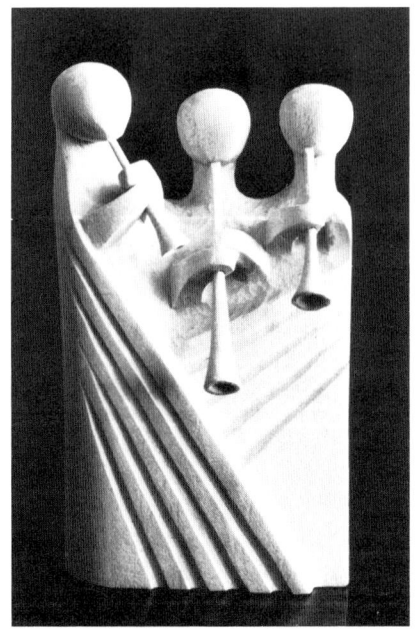

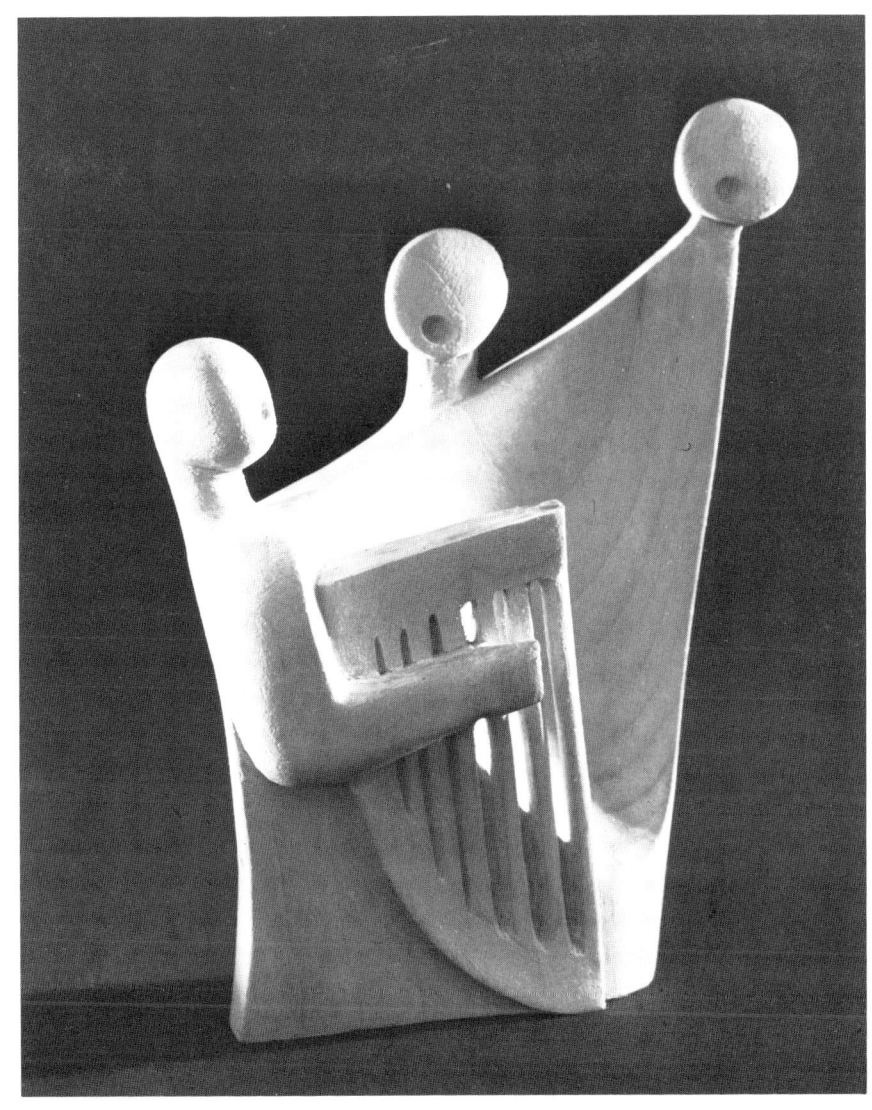

Der aufklingende Akkord (Drei-klang):
Ein breit aufstrebender, flach ausge-höhlter Klangkörper trägt drei No-tenköpfe. Ein kräftiger Saitenan-schlag bringt sie zum Aufklingen (zu einem harmonischen Dreiklang). Der richtige Faserverlauf erlaubt ein fei-nes Ausschnitzen der Saiten. 11,8 × 4 × 14 cm.

Die Oberflächenmaserung

Wenn man das Holz willkürlich verarbeitet, ist der Zufall im Spiel. Da die Maserung das Aussehen einer Figur stark beeinflussen kann, ist es klüger, lenkend einzugreifen. Das gilt besonders für Schnitzereien, die zum Schluß fein abgeschliffen werden.

Wird ein Stamm im Sehnenschnitt aufgesägt, zeigt die angeschnittene Fläche eine Maserung mit weich geschwungenen Linien. Ein im Radialschnitt aufgesägter Stamm dagegen gibt den Einblick auf eine streng geradlinig gezeichnete Maserung frei.

Aus beiden Stammanschnitten holt man nun zur näheren Betrachtung die Figurenklötzchen (a) und (b) heraus. Es fällt auf, daß das a-Hölzchen (vom Sehnenschnitt) auf der Querholzfläche liegende Jahre zeigt und das b-Hölzchen (vom Radialschnitt) aufrechtstehende Jahre. Am Querholz also kann man jeweils die Art der Maserung eines noch unbearbeiteten Klötzchens, Brettes oder einer Bohle besonders gut ablesen.

Man stellt fest, daß das Mittelbrett an seinem Querholz nur aufrechtstehende Jahre zeigt, die zur Schwarte hin immer mehr den liegenden weichen. Das Herzbrett steht somit zwangsläufig unter dem Einfluß des streng linierten Radialschnittes, der jedoch in Richtung Schwarte immer stärker der weich geflammten Maserung des Sehnenschnittes weichen muß.

An einem einzelnen Brett kann man feststellen, daß sich die Jahre zur Brettmitte hin zunehmend neigen und zur Waldkante hin aufrichten. Daraus kann man folgern: Je mehr sich die Jahre zur angeschnittenen Fläche legen, desto mehr zeigen sich die Merkmale des weichgeschwungenen Sehnenschnittes. Je mehr die Jahre aufrechtstehen, desto mehr dagegen die des streng linierten Radialschnittes.

Die Hauptansichten der Schnitzereien sind für den Eindruck maßgebend. Deswegen sägt man die Figurenklötzchen und Rohlinge so aus dem Brett oder der Bohle, daß diese Ansichten entweder die Merkmale des Radialschnittes oder des Sehnenschnittes besitzen. Bei Kleinschnitzereien nützt es, wenn man ein Figurenklötzchen mit liegenden Jahren auf die Seite kippt. Es wird dadurch in ein Klötzchen mit stehenden Jahren verwandelt. Eine weich oder streng gemaserte Figur steht

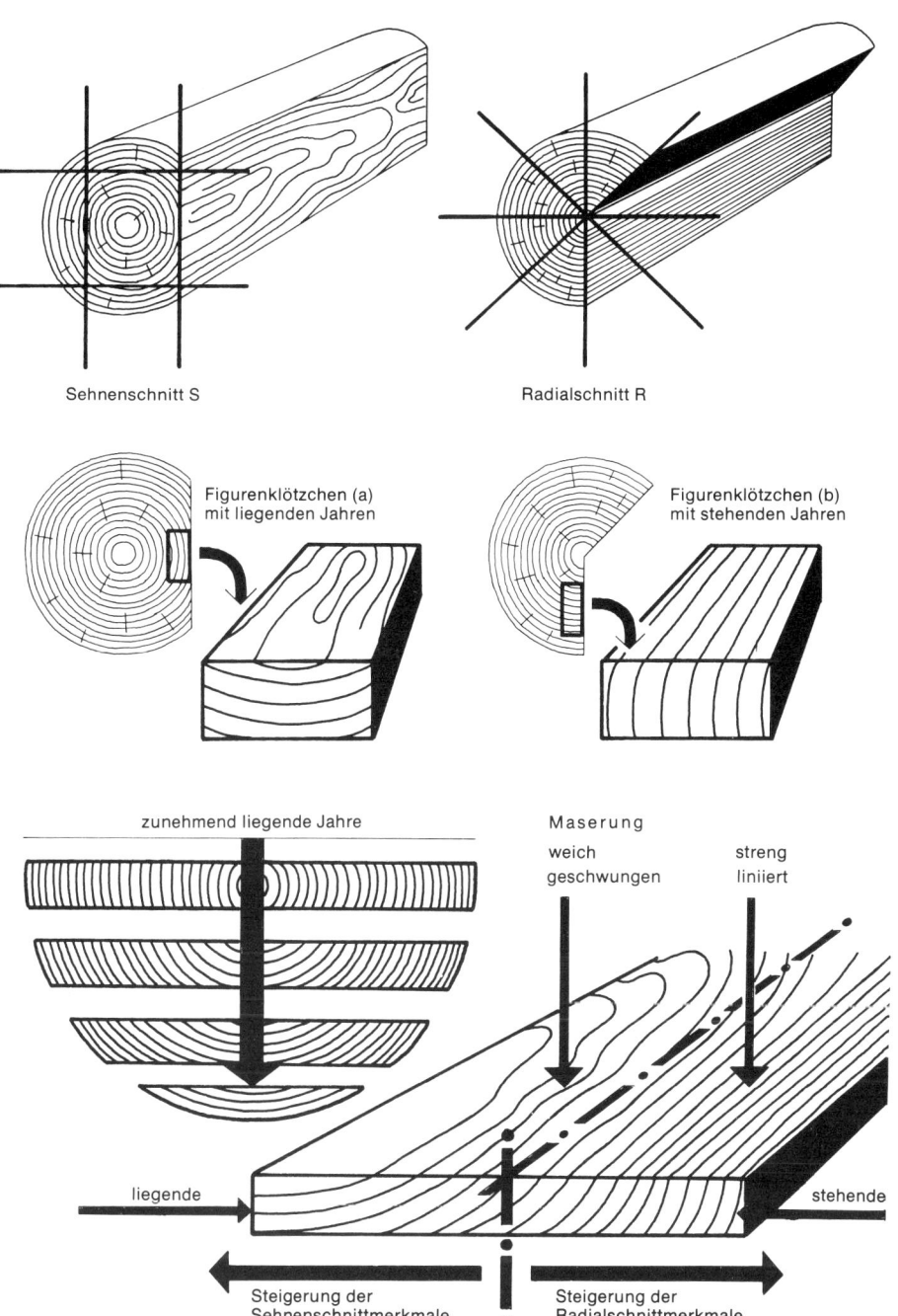

Sehnenschnitt S

Radialschnitt R

Figurenklötzchen (a)
mit liegenden Jahren

Figurenklötzchen (b)
mit stehenden Jahren

zunehmend liegende Jahre

Maserung

weich
geschwungen

streng
liniiert

liegende

stehende

Steigerung der
Sehnenschnittmerkmale

Steigerung der
Radialschnittmerkmale

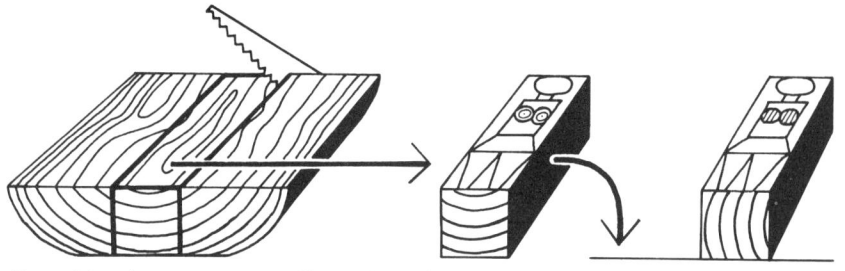

Eine weiche oder streng gemaserte Figur steht zur Wahl

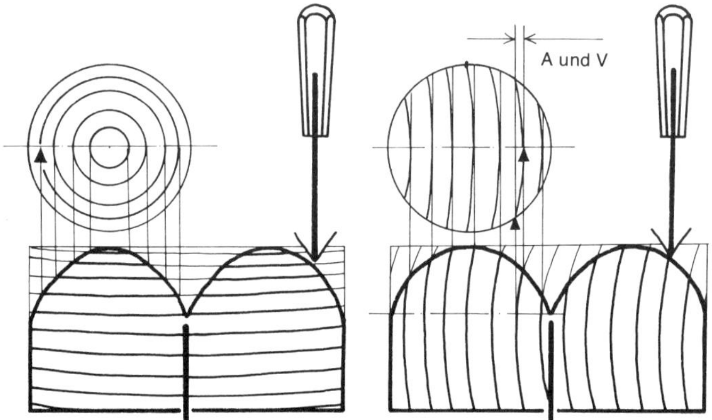

A und V

Schnittbeispiele A–B und C–D

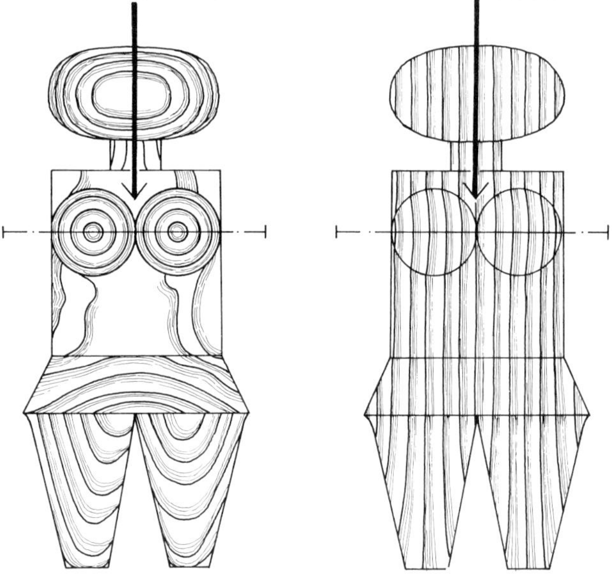

Der S-Typ

Der R-Typ

78

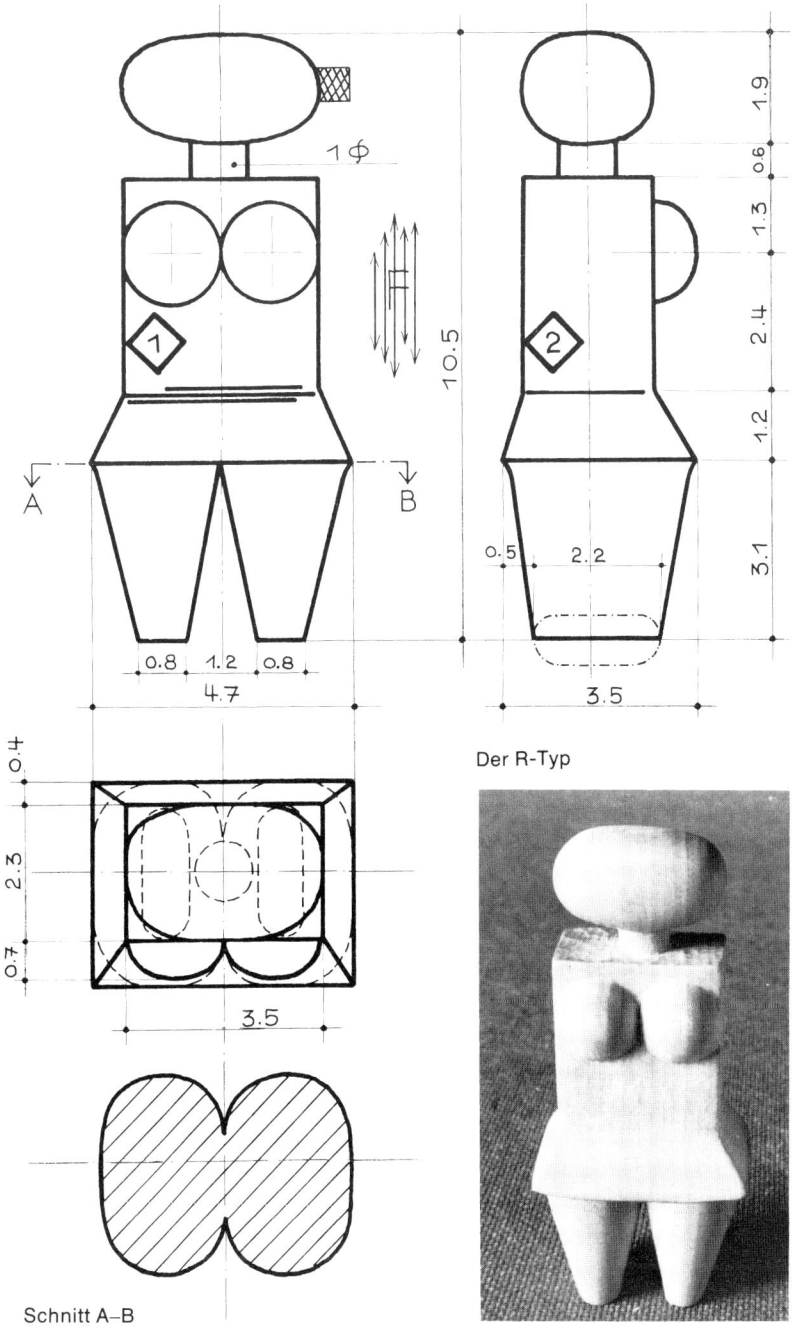

1 ∅

10.5

1.9
0.6
1.3
2.4
1.2
3.1

0.5   2.2

3.5

A

B

0.8   1.2   0.8

4.7

Der R-Typ

0.4

2.3

0.7

3.5

Schnitt A–B

79

damit zur Wahl – ohne daß man ein anderes Brett anschneiden müßte. Wie wirkt sich das Einschnitzen in stehende oder liegende Jahre aus? Als Lehrbeispiel schnitzt man eine weibliche Figur. Wenn der Rohling in der Hauptansicht den Sehnenschnitt zeigt, dann werden durch das Einschnitzen die Jahre ringsum abgetragen und unterbrochen. Die Brust wird dadurch ringförmig gemasert. Zeigt die Hauptansicht den Radialschnitt, dann werden die Jahre – da sie in die Figur verlaufen – durch das Schnitzeisen nicht unterbrochen.

Lediglich Abweichungen (A) und Verkrümmungen (V) der Linien sind möglich.

Das Foto unseres Arbeitsblattes »Der R-Typ« zeigt die weibliche Figur streng im Radialschnitt gezeichnet. Man sieht, die Hauptansicht ist für den Eindruck bestimmend. Die untergeordneten Seitenansichten sind in diesem Fall weich gemasert (Sehnenschnitt). Mit Absicht wurde zuerst dieser Typ geschnitzt, damit anschließend der weiche S-Typ um so mehr überzeugt.

Wie können Bewegungen mit Hilfe einer einfachen Methode konstruiert werden?

Daß man sich nicht mit anatomischen Studien am menschlichen Körper im üblichen befaßt, liegt auf der Hand. Lediglich das Skelett des Menschen soll betrachtet werden. Die Knochenmänner der mittelalterlichen Holzschnitte mit den Darstellungen von Totentänzen sind in jeder Hinsicht für uns lehrreich. Sie sind ursprünglich in der Auffassung und in der künstlerischen Arbeitsweise. Das makabre Bewegungsspiel wirkt, trotz Übersteigerungen und unmöglicher Überschneidungen und Verrenkungen der knöchernen Gliedmaßen, eindrucksvoll und überzeugend.

Man denkt sich als Ausgangspunkt einen primitiv schematischen Knochenmann und studiert dazu die Bewegungsmöglichkeiten der Glieder. Bei dem Schema ist die Gestalt bei 1 durch Wirbel in sich beweglich (krümmbar) und bei 2 durch Gelenke. Bei 3 haben wir es mit starren Gliedmaßen zu tun (Knochen), und die Körperteile 4 sind durch mehrere Glieder und Gelenke krümmbar. Die natürliche Krümmung der Wirbelsäule beachtet man beim Schemaentwurf nicht. Eine Materialzugabe für das Bekleiden des Knochenman-

nes genügt. Vieles kann man beim Schnitzen nach Gutdünken korrigieren.

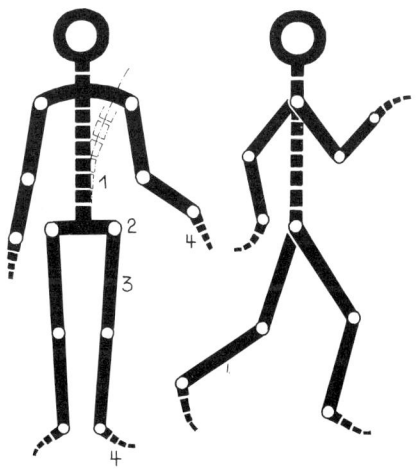

Das Konstruktionsgerät für die einfache Methode

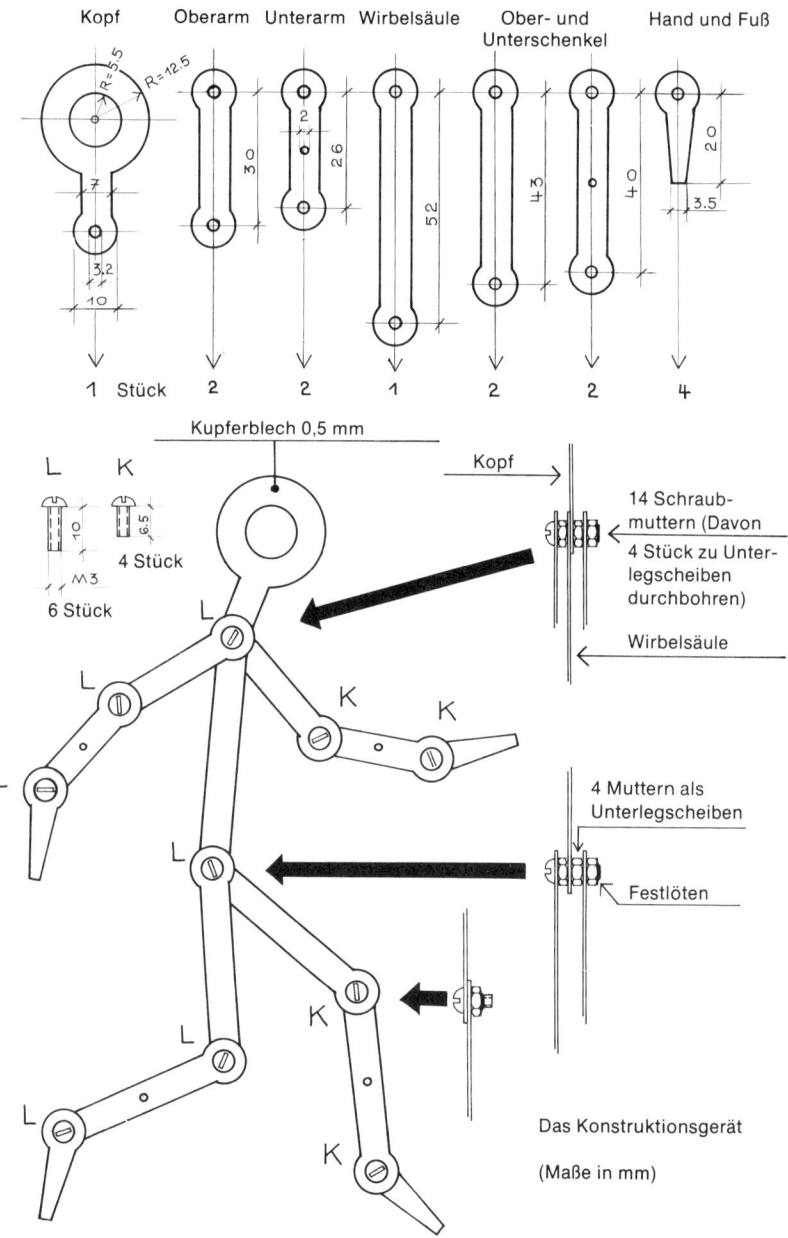

Kopf Oberarm Unterarm Wirbelsäule Ober- und Unterschenkel Hand und Fuß

R=5.5   R=12.5

2   2.6   3.0   5.2   4.3   4.0   2.0   3.5

7   3.2   10

1 Stück   2   2   1   2   2   4

Kupferblech 0,5 mm

L   K

10   6.5

4 Stück

M3

6 Stück

Kopf →

14 Schraub-
muttern (Davon

4 Stück zu Unter-
legscheiben
durchbohren)

Wirbelsäule

L   K   K

L

L

L

L

4 Muttern als
Unterlegscheiben

Festlöten

K

L

K

Das Konstruktionsgerät

(Maße in mm)

82

Viele Bewegungen des menschlichen Körpers sind von der Seite betrachtet besonders ausgeprägt, z. B. das Gehen. Von vorne betrachtet sieht man im Verhältnis zur Seitenansicht nur wenig von dem Spiel der Bewegungen, denn das Schwingen und Pendeln der Arme und das weite Ausschreiten der Beine ist an einer auf uns zukommenden Person mit den Augen nicht voll erfaßbar. Ebenso verhält es sich beispielsweise mit dem Sitzen, Knien und Niederbeugen. Den meisten Figuren kann man deswegen ihre typische Form schon dadurch geben, indem man den Rohling in der Seitenansicht aussägt.

Für das Entwerfen dieser Ansicht (und damit der Sägeschablone) ist das Gerät gedacht. Es gibt die wesentlichen, charakteristischen Stellungen der Glieder, genau nach vor-

ne und hinten bewegt, wieder. Zusätzliche Seitwärtsbewegungen, welche zeichnerische Verkürzungen ergeben, lernt man nach einiger Zeit und Übung gut durch weiterentwikkeltes Vorstellungsvermögen beim Skizzieren berücksichtigen.

»Der Hampelmann« als Gerät soll noch einmal klar vor Augen führen, wie leicht eine Bewegungsskizze ist, wenn man mit einem einfachen Liniengerüst beginnt, anstatt sich gleich mit dem umfangreichen natürlichen (oder auch abstrakten) Körperbeiwerk zu belasten. Man braucht dabei wie bereits erwähnt nur darauf zu achten, welche Bewegungen möglich sind.

Man sollte nicht mit dem Bleistift am Gerät abzeichnen, sondern die festgehaltenen Bewegungen oder Stellungen frei nachskizzieren. Das Gerät soll als Lehrmittel durch seine

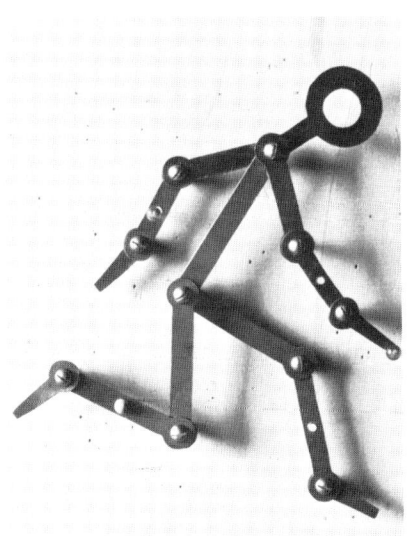
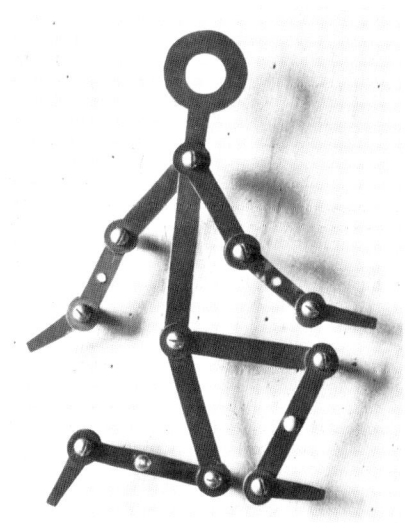

einfache Art beim Entwerfen helfen. Bewegungsvariationen mit dem Konstruktionsgerät: der Springende, der Kniende, der Kriechende, der Sitzende, der Schreitende usw. Durch das Spielen entdeckt man noch viele Bewegungsformen, die anregen können.

Die praktische Anwendung für das Schnitzen
(am Beispiel von Krippenfiguren)

1 Mit dem Gerät konstruiert man einen Hirten, der sich lässig auf einen Stab stützt.

2 Die Hände denkt man sich entsprechend gekrümmt und vervollständigt den Leib des Gerippes mit großzügigen Umrißlinien.

3 Man bekleidet den Leib und versieht den Kopf mit Hut, Haaren und einem Bart.

4 und 5 Die Umrißlinien ergeben nun die Schablone für das Aufzeichnen und Aussägen des Figurenrohlings.

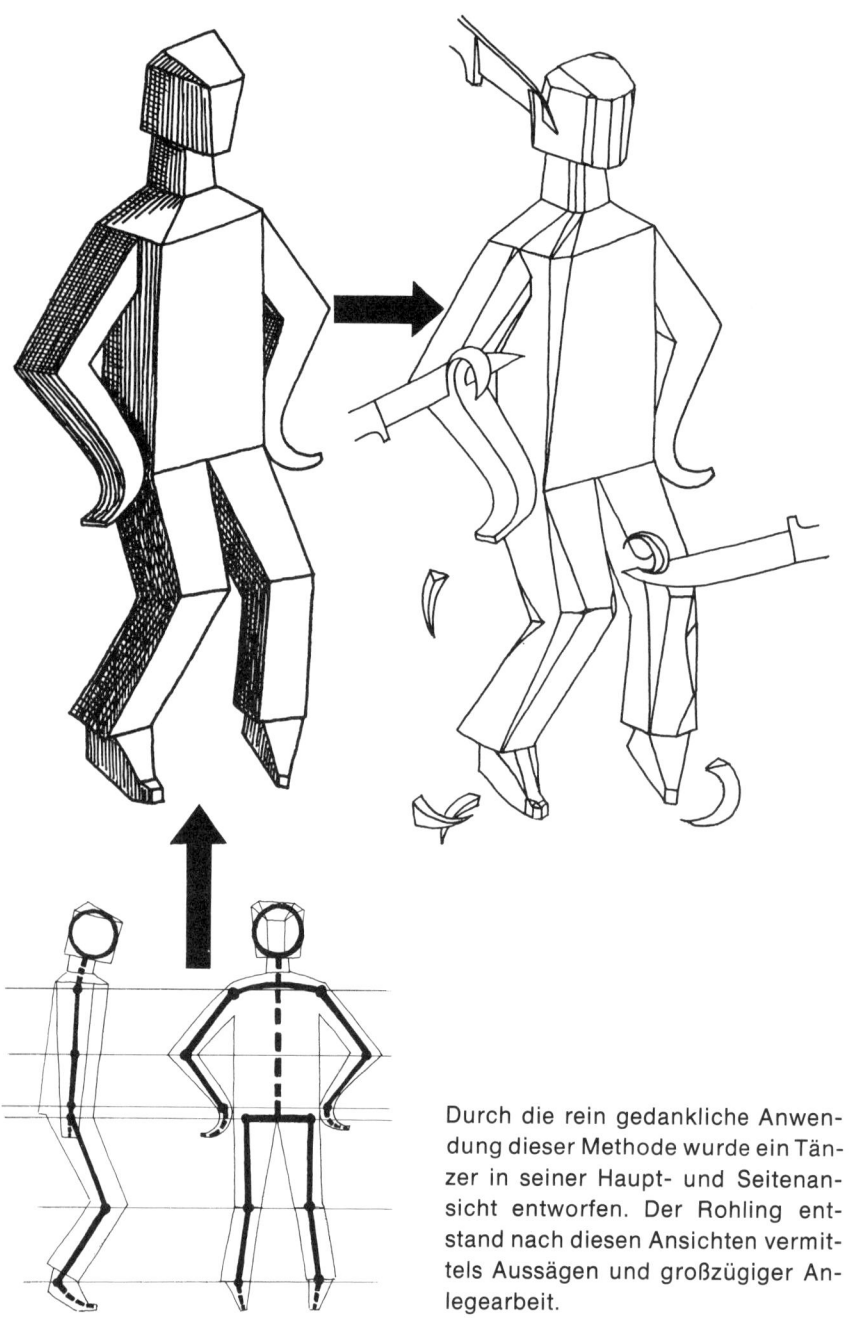

Durch die rein gedankliche Anwendung dieser Methode wurde ein Tänzer in seiner Haupt- und Seitenansicht entworfen. Der Rohling entstand nach diesen Ansichten vermittels Aussägen und großzügiger Anlegearbeit.

Methoden, die man beim Schnitzen von Teilabschnitten einer Figur anwenden kann

Es ist ohne weiteres möglich, ein System zu erarbeiten, sich anzueignen und in der Praxis anzuwenden. Gefahren der Schematisierung bestehen nicht, denn man findet darüber hinaus zu Freizügigkeit im Vorgehen und man benützt ein arbeitstechnisches Schema nur als Grundlage.

Fast alles läßt sich systematisieren. So verschieden das Vorgehen der einzelnen Bildschnitzer auch sein mag, um beispielsweise ein Gesicht zu schnitzen – so hat sich doch jeder eine gewisse Methode angewöhnt. Auch wenn diese stark individuell geprägt ist, sie läßt sich in jedem Fall genau aufschlüsseln und somit zur Anwendung festhalten.

Damit ist nicht gesagt, daß der erfahrene Schnitzer sich nur einer einzigen, einmal sich angewöhnten Methode bedient, um ans Ziel zu gelangen. Er verwendet im Gegenteil mehrere Abweichungen, so wie sie für sein augenblickliches Vorhaben am besten geeignet sind.

Die folgenden Seiten sollen lediglich grundlegende Hinweise geben: Wie kann man ein Gesicht schnitzen? Ein Auge, eine Nase usw.?

Die Zahlen deuten die Reihenfolge der Arbeitsgänge an.

Das erste Gesicht wird geschnitzt

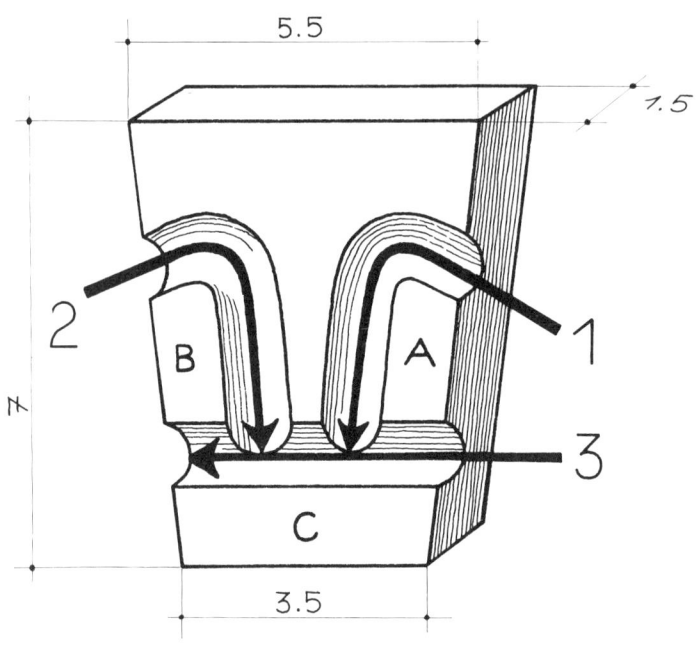

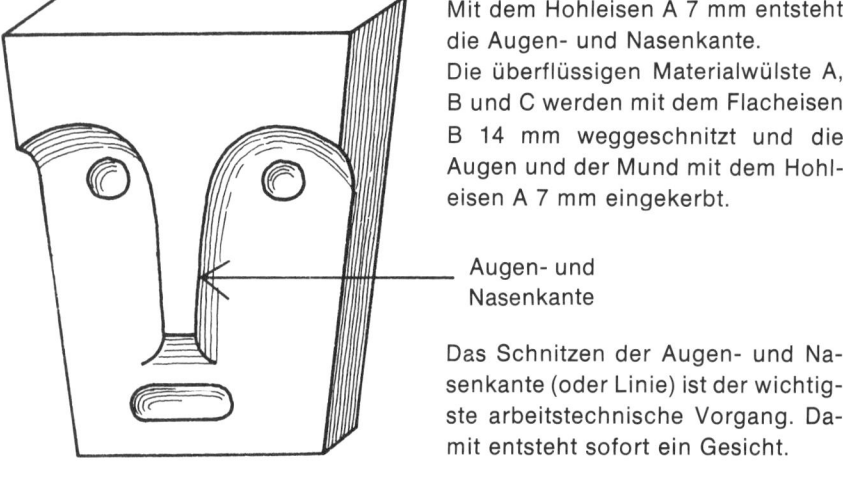

Mit dem Hohleisen A 7 mm entsteht die Augen- und Nasenkante.
Die überflüssigen Materialwülste A, B und C werden mit dem Flacheisen B 14 mm weggeschnitzt und die Augen und der Mund mit dem Hohleisen A 7 mm eingekerbt.

Augen- und
Nasenkante

Das Schnitzen der Augen- und Nasenkante (oder Linie) ist der wichtigste arbeitstechnische Vorgang. Damit entsteht sofort ein Gesicht.

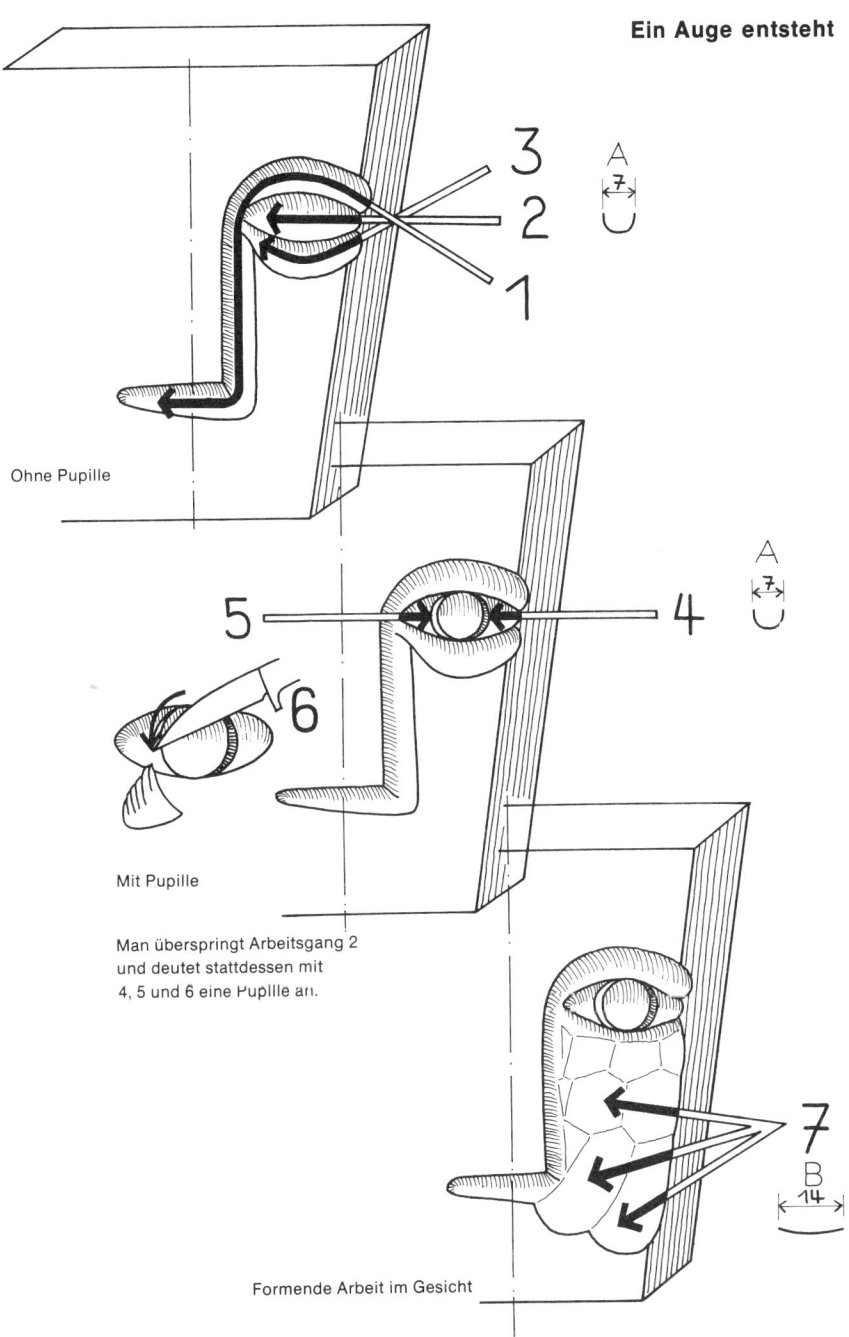

Ohne Pupille

Mit Pupille

Man überspringt Arbeitsgang 2
und deutet stattdessen mit
4, 5 und 6 eine Pupille an.

Formende Arbeit im Gesicht

Masken

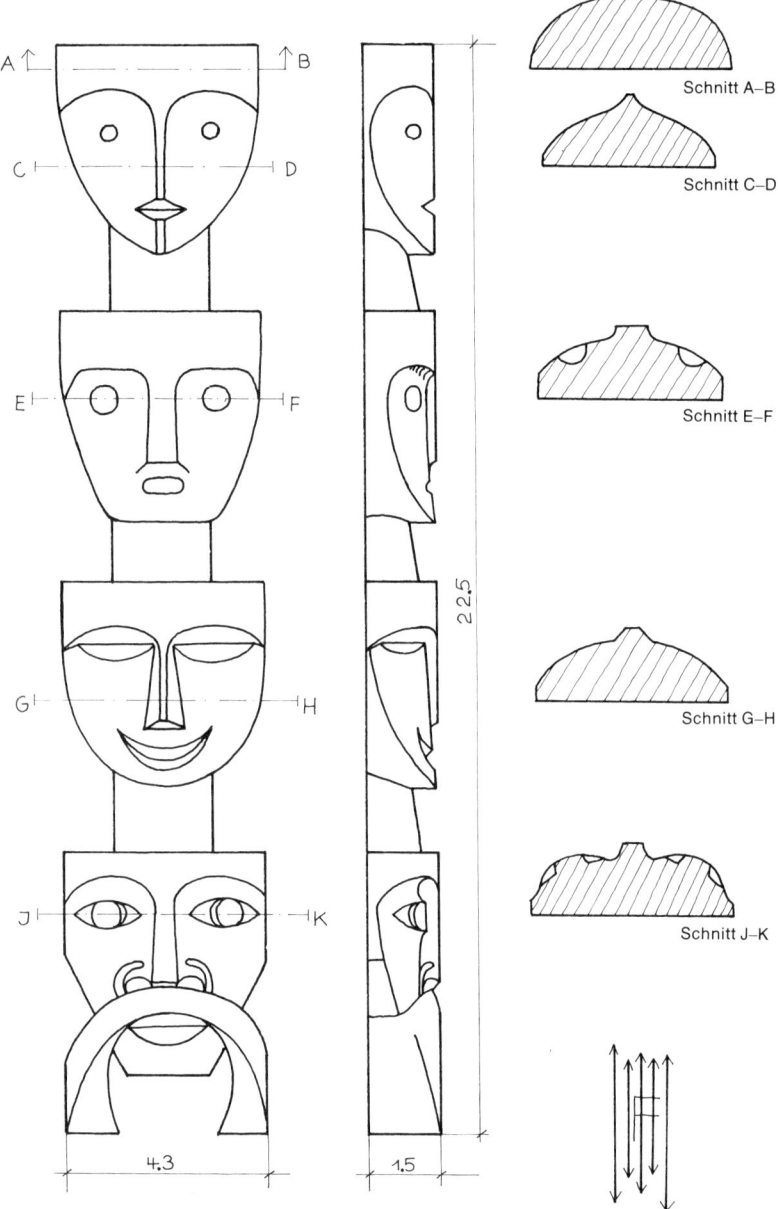

Schnitt A–B

Schnitt C–D

Schnitt E–F

Schnitt G–H

Schnitt J–K

90

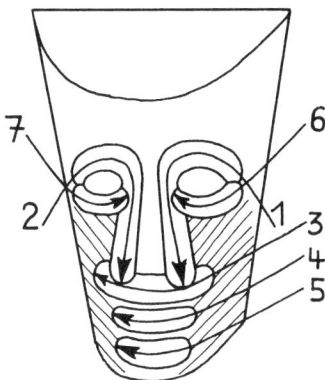

Durch 7 Einkerbungen werden (Hohleisen A 7 mm) die Augen angelegt, die Nase, der Mund und das Kinn. Mehrfache, die Schnittrichtung wechselnde Eisenführung ist dabei erforderlich, kräftig einkerben! Die schraffierten Flächen kennzeichnen die im Gesicht entstandenen Materialwülste.

Formende Arbeit im Gesicht

Ein Rohling mit vorgewölbter Gesichtsfläche ist der Ausgangspunkt.

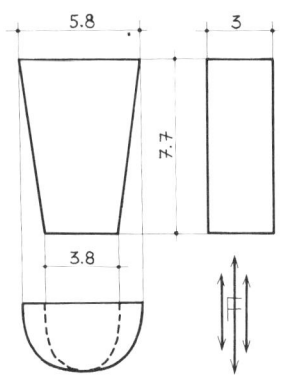

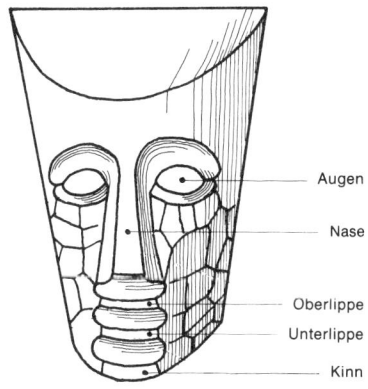

Augen

Nase

Oberlippe

Unterlippe

Kinn

Durch Wegschnitzen der Wülste auf Kerbentiefe stehen anschließend die Augen, die Nase, der Mund und das Kinn frei erhaben im Gesicht. Für diese Arbeit benützt man das Flacheisen B 14 mm.

Nasen

Bis jetzt ragten sie nicht aus den geschnitzten Gesichtern. Das läßt sich
ändern, wenn man als erstes das Ge-
sichtsprofil festlegt und die Stirn-
und Mundpartie zurückdrängt.

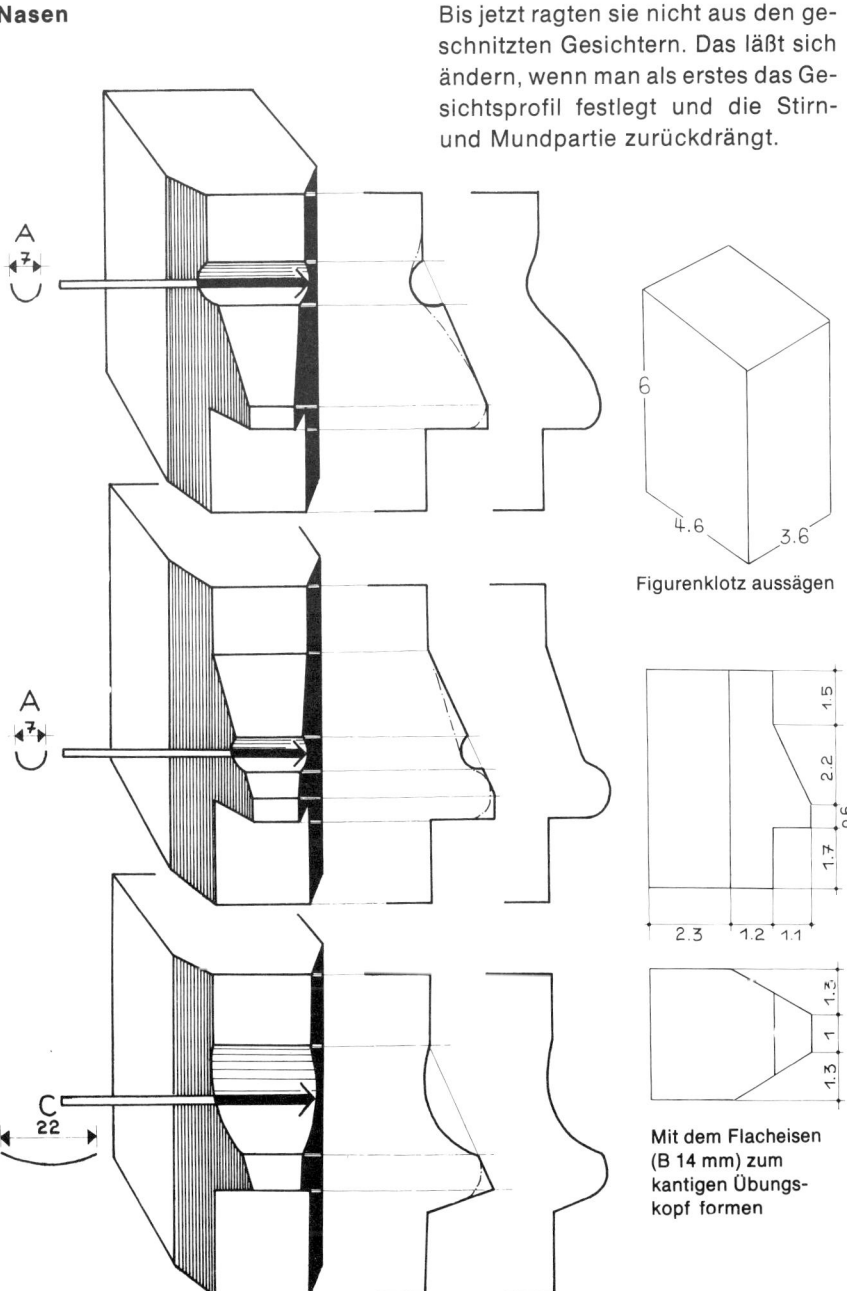

Figurenklotz aussägen

Mit dem Flacheisen
(B 14 mm) zum
kantigen Übungs-
kopf formen

Ein markantes Gesicht wird geschnitzt

Auf dem Foto sind die Hauptschnitt-kanten klar erkennbar. Sie geben dem Gesicht die herbe Note.

Der Figurenklotz wird an einer schmalen Seite konisch verjüngt (vorgeformt). Der Gefahr, ein plattes Gesicht zu bilden, geht man damit auf Anhieb aus dem Wege. Auf den Zeichnungen der folgenden Seiten ist der jeweilige Arbeitsgang durch fein schraffierte Schnittflächen und verstärkt gezeichnete Schnittkanten gekennzeichnet. Das Bearbeitungs-spiel der Kanten wird schnell ver-ständlich, wenn man sich außer an den Zeichnungen immer wieder am Foto orientiert.

Die Gesichtsfläche ist nach vorne verjüngt. Die Ansicht G zeigt bei allen Arbeitsgängen das Gesicht von vor-ne. Die Ansicht P dagegen das Profil (die Seitenansicht).

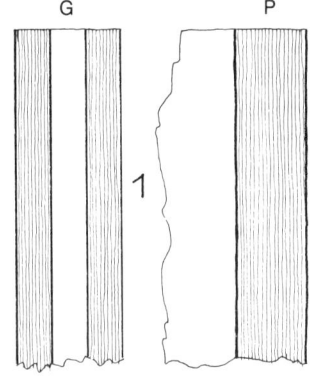

Die Stirnpartie (a) und der Nasenrük-ken (b) entstehen durch ein Zurück-schnitzen der konischen Gesichts-fläche. Für diese Arbeit benützt man das Flacheisen B 14 mm oder das Schnitzmesser.

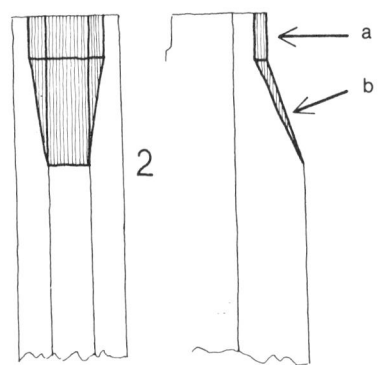

95

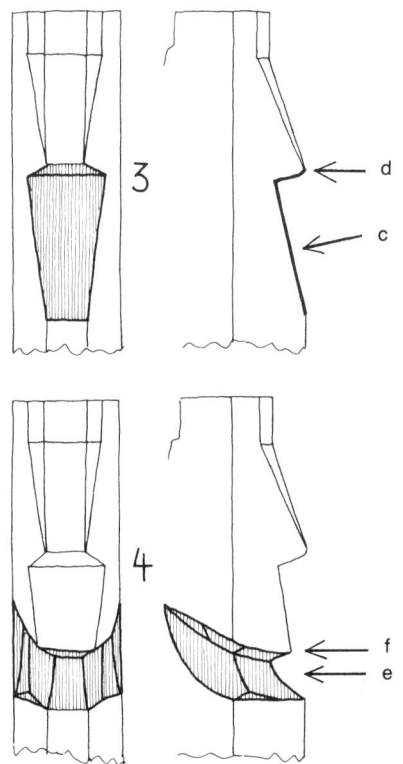

Jetzt begrenzt man die Nase durch einen tiefen Einstich auch nach unten. Die spanabhebenden Gegenschnitte bereiten die Mund- und Kinnpartie (c) vor. Im Profil ist nun die Nasenspitze (d) erkennbar. Diesmal arbeitet man nur mit dem Flacheisen.

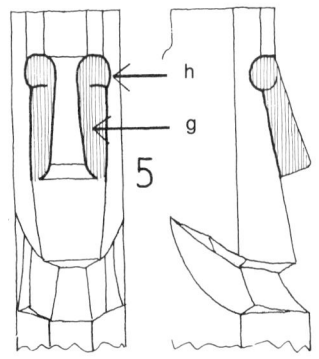

Durch Einkerbung mit dem Schnitzmesser entsteht der Hals (e). Der Kopf wird damit nach unten begrenzt und das Kinn (f) angedeutet.

Die Nase wird erhaben freigeschnitten (g). Die oberen Quereinkerbungen lassen die Augenhöhlen entstehen (h). Man verwendet das Hohleisen A 7 mm.

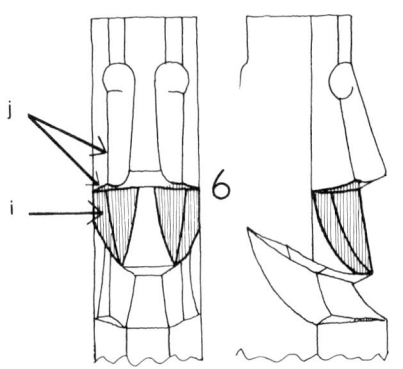

In diesem Arbeitsgang verjüngt (verschmälert) man die Mundpartie mit dem Flacheisen B 14 mm und bildet damit die Wangen (i). Auf die oberen Gesichtshälften zu ist ein Materialwulst entstanden (j).

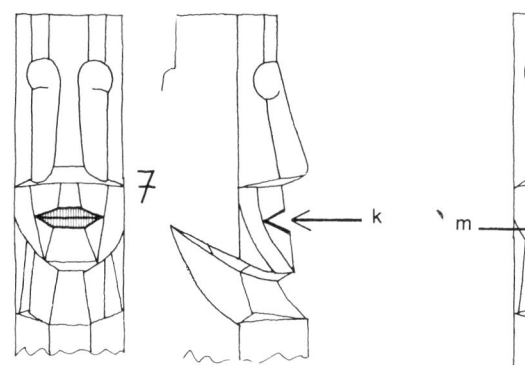

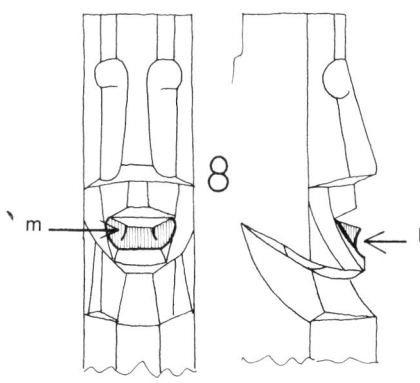

Wenn man jetzt den Mund mit dem Schnitzmesser einkerbt, wird er auch im Profil als Kerbe sichtbar sein (k). Das ist die Kontrolle, ob die Mundpartie richtig verjüngt wurde.

Das Kinngrübchen (l) entsteht. Durch ein gleichzeitiges Seitwärtskerben – zu den beiden Mundwinkeln hin – tritt eine Verfeinerung des Mundes ein (m).

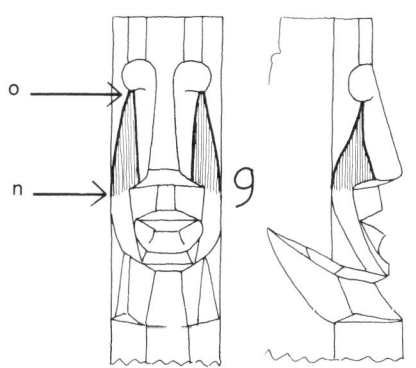

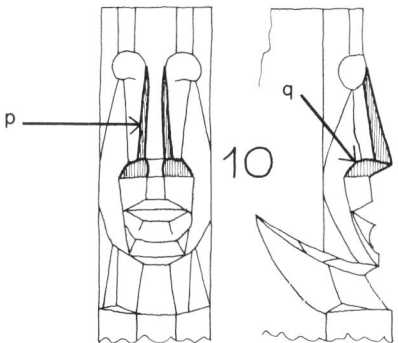

Das Wegschnitzen der Materialwülste (siehe Arbeitsgang 6) verjüngt auch den oberen Gesichtsteil. Er wird damit übergangslos (n) den Wangen angeglichen. Die Jochbeine (o) entstehen dabei. Man arbeitet mit dem Flacheisen B 14 mm.

Durch Brechen (p) ihrer seitherigen Kanten wird die Nase verfeinert (schmaler und edler!). Die Seitwärtsflächen unterhalb der Nase mit leichtem Schwung nach oben (q) korrigieren. Bei beiden Arbeiten assistiert wieder das Flacheisen B 14 mm.

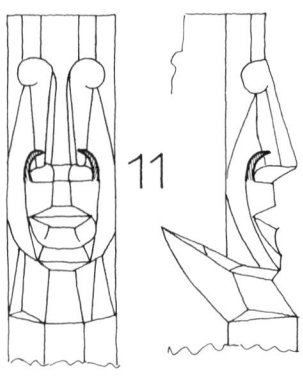 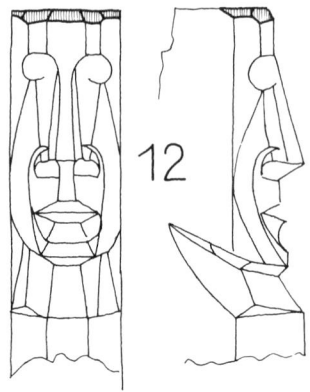

Zwei Einkerbungen mit dem Hohleisen J 1 mm verhelfen der Nase zu ihren Flügeln. Fehlt dieses Werkzeug, dann verwendet man einfach das Schnitzmesser oder das Flacheisen B 14 mm.

Oben am Kopf bricht man zum Abschluß die Kanten.

Ist die Darstellung verschiedener Kopfhaltungen schwierig?

Wie unter einem magischen Zwang entstanden, besitzen fast alle Anfänger-Figuren gerade Kopfhaltungen. Diese Blickrichtung gelingt ohne vorherige Anleitung. Eine große Unsicherheit und Ängstlichkeit stellt sich allerdings sofort ein, wenn sie geändert werden soll.

Das viele »Drum und Dran«, einen natürlichen geraden Kopf in andere Richtungen zu bringen, verwirrt den Anfänger. Die Lösung wird sofort denkbar einfach, wenn man sich von der Vorstellung eines detailreichen Objektes freimacht.

So ungewohnt das Wort auch klingen mag, man erfindet zur Lösung der Aufgabe den Rohform-Kopf. Man arbeitet in der Vorstellung bewußt nur mit einer Form, die den Kopf radikal zum Würfel vereinfacht. In dieser Form ist nun der richtige Kopf verborgen. Er interessiert im Augenblick nicht, weil es jetzt nur seine Dreh-Bewegungen zu studieren gilt, und das bei gleichbleibendem Stand des Rumpfes. Auf den beiden folgenden Zeichenseiten exerziert man das mit einem einfachen Figurenrohling durch. Zusätzliche Erklärungen sind danach bestimmt nicht mehr notwendig!

Bevor man Probebeispiele schnitzt, kann man alle Erläuterungsskizzen (von A1 bis E2) der Reihenfolge nach auch mit zwei Klötzen aus einem Kinderbaukasten leicht nachdemonstrieren.

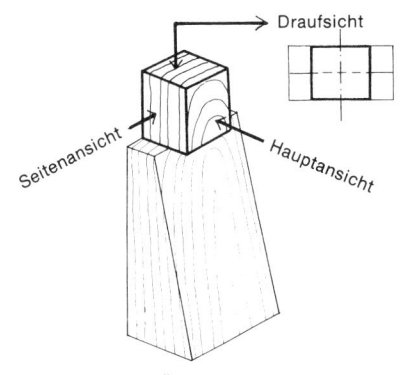

Der Übungsrohformkopf

An einem Rohling werden die verschiedenen Kopfhaltungen studiert.

Draufsicht

Seitenansicht

Hauptansicht

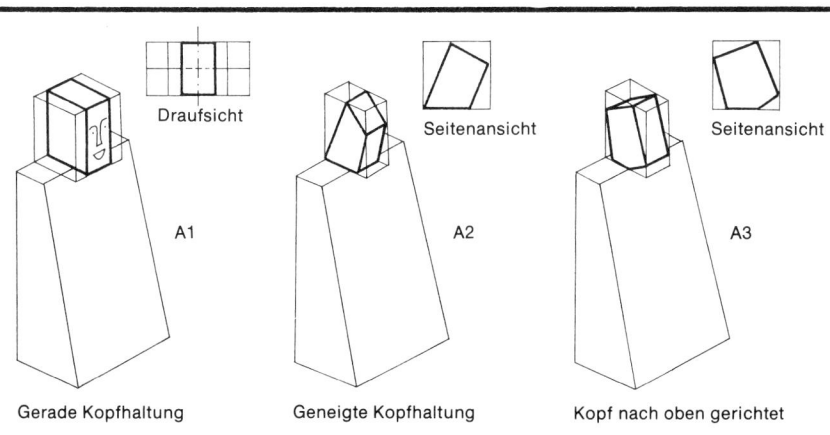

Draufsicht

A1

Gerade Kopfhaltung

Seitenansicht

A2

Geneigte Kopfhaltung

Seitenansicht

A3

Kopf nach oben gerichtet

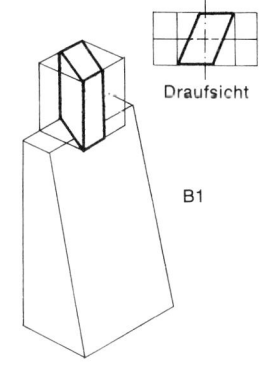

Draufsicht

B1

nach rechts gerichteter Kopf

Korrektur

Draufsicht

B2

Die Gesichtsfläche wird
auf rechtwinklig korrigiert

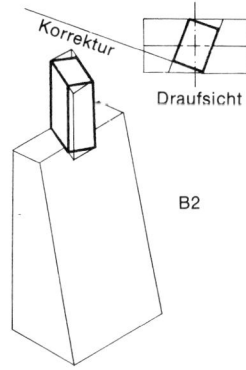

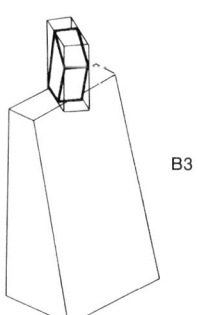

B3

dieser Kopf läßt sich auch
neigen (oder nach oben richten)

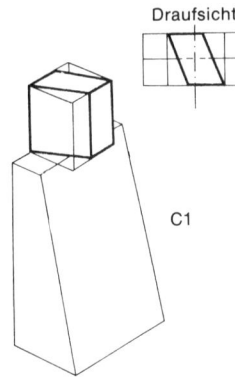

Draufsicht

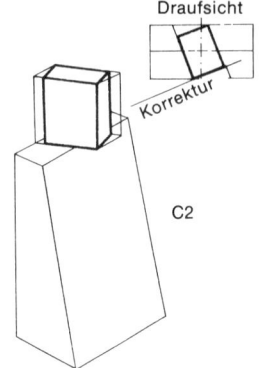

Draufsicht

Korrektur

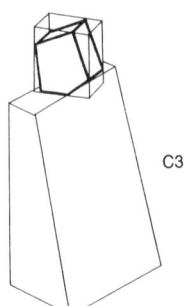

C1

C2

C3

nach links gerichteter
Kopf

die Gesichtsfläche wird
korrigiert

Dieser Kopf läßt sich auch
nach oben richten
(oder neigen)

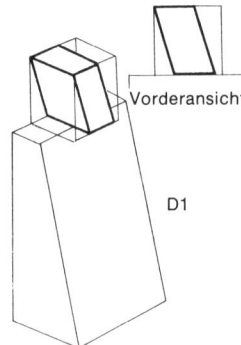

Vorderansicht

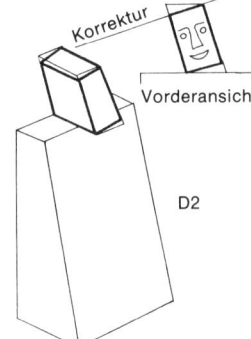

Korrektur

Vorderansicht

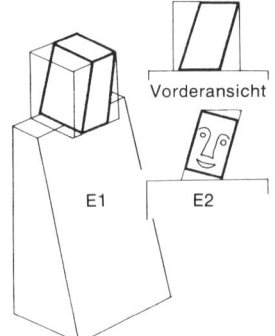

Vorderansicht

D1

D2

E1   E2

Schiefe Kopfhaltung
nach rechts

Korrektur auf rechtwinklige
Form

Schiefe Kopfhaltung
nach links

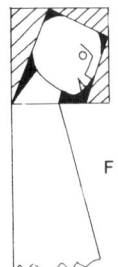

F

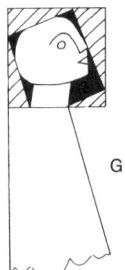

G

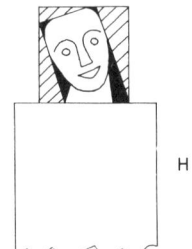

H

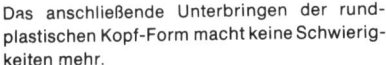

Das anschließende Unterbringen der rundplastischen Kopf-Form macht keine Schwierigkeiten mehr.

Der schiefe Kopf kann auch nach oben und
unten gerichtet sein.

100

Haare entstehen

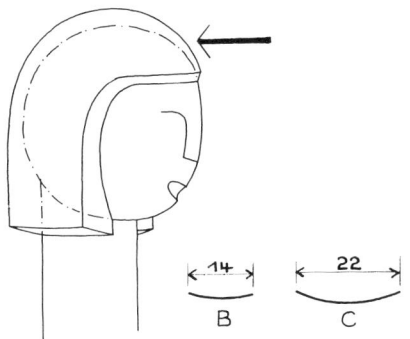

Je nach Frisur schnitzt man den Köpfen eine Haube oder eine entsprechende Kopfbedeckung an, die man dann beliebig in Haare (Haarsträhnen, Locken usw.) umwandeln kann.

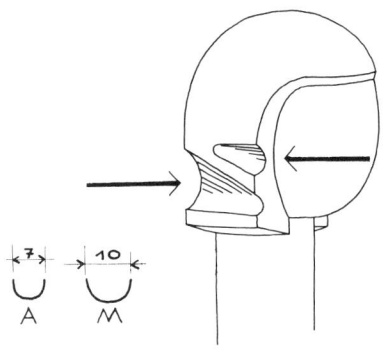

Durch Hohleiseneinschnitte kann man Wellen legen.

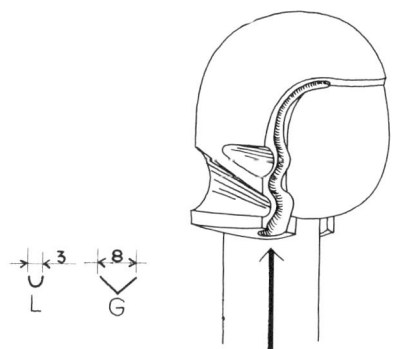

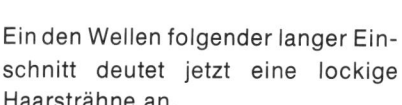

Ein den Wellen folgender langer Einschnitt deutet jetzt eine lockige Haarsträhne an.

Die scharfen Kanten bricht man mit dem Flacheisen. Die Frisur ist nun für die Haarkerbeinschnitte vorbereitet.

101

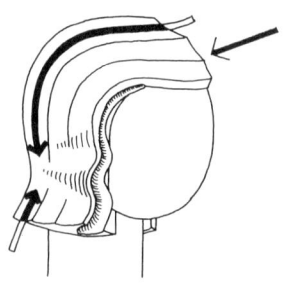

Das Einkerben der Haare

Großzügige Haarandeutung durch das Flacheisen (siehe Schnittkanten).

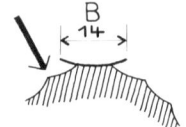

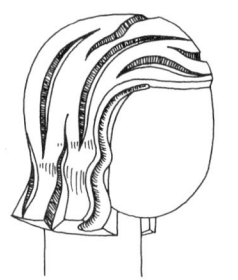

Haarandeutung durch den Gaißfuß.

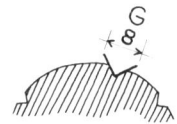

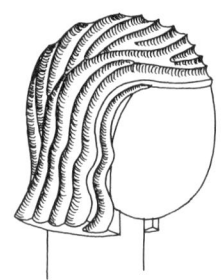

Haarandeutung durch dichtgeschlossene Hohleisen-Einkerbungen.

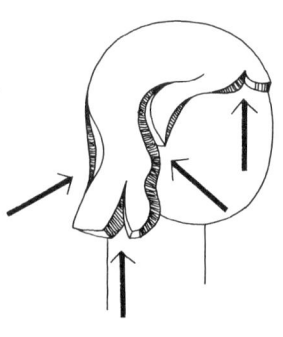

Durch kräftige Gaißfußeinschnitte in die Randzonen kann man eine Frisur sehr auflockern.

»Holzwurmarbeiten«
Ein Weg zur sicheren Beherrschung des Werkstoffes

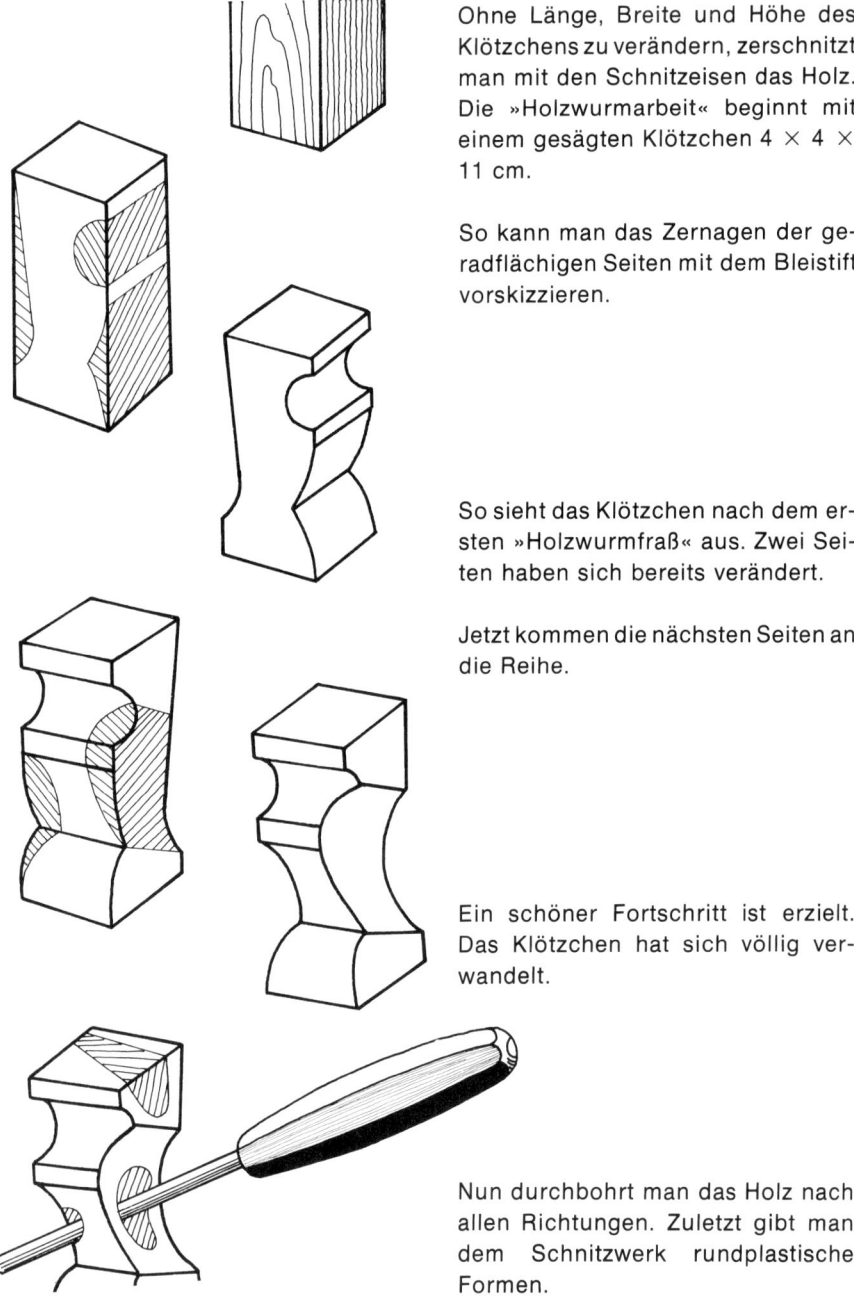

Ohne Länge, Breite und Höhe des Klötzchens zu verändern, zerschnitzt man mit den Schnitzeisen das Holz. Die »Holzwurmarbeit« beginnt mit einem gesägten Klötzchen 4 × 4 × 11 cm.

So kann man das Zernagen der geradflächigen Seiten mit dem Bleistift vorskizzieren.

So sieht das Klötzchen nach dem ersten »Holzwurmfraß« aus. Zwei Seiten haben sich bereits verändert.

Jetzt kommen die nächsten Seiten an die Reihe.

Ein schöner Fortschritt ist erzielt. Das Klötzchen hat sich völlig verwandelt.

Nun durchbohrt man das Holz nach allen Richtungen. Zuletzt gibt man dem Schnitzwerk rundplastische Formen.

Diese »Holzwurmarbeiten« (Seite 105 und 106) wurden von Kursteilnehmern einer Volkshochschule geschnitzt.

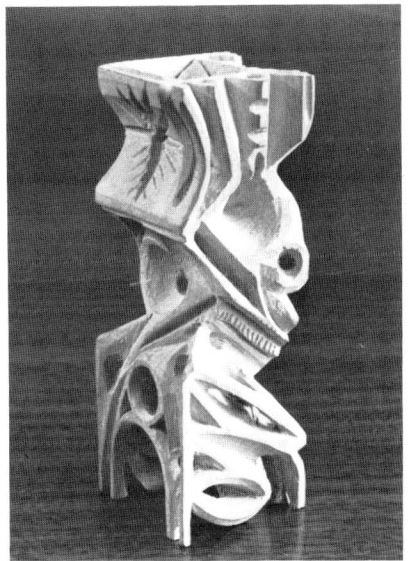

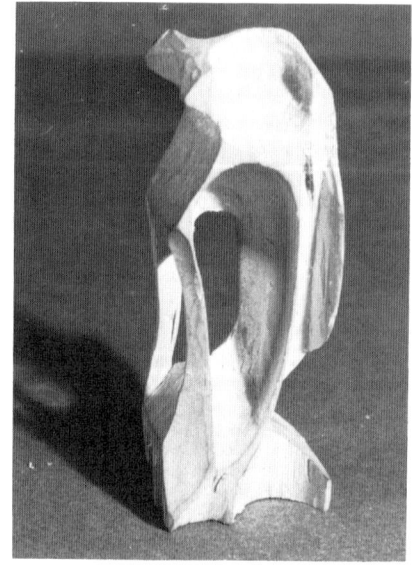

Durch mehrere Holzwurmarbeiten ist man rein schnitztechnisch im Umgang mit dem Holz sicherer geworden. Bei der Holzwurmarbeit kam es nicht darauf an, eine bestimmte festgelegte Form zu schaffen. Es ging lediglich darum, zu Übungszwecken irgendeine Formveränderung des Klötzchens vorzunehmen. Eine Enthemmung der schnitzenden Hand war damit möglich, und ein zunehmendes Verständnis für die seither fremdartig dünkenden Gestaltungen folgte auf dem Fuße. Man bejaht, daß ein Formgebilde und dessen Einzelglieder auch anders aussehen dürfen, als man es gewohnt ist.

Zur weiteren Schulung soll nun wieder eine bestimmte und lesbare Figur geschaffen werden. Man schnitze weiterhin völlig frei, aber diesmal mit einer klaren Formvorstellung. Dadurch ist man in der Lage, einmal genau die eigene Vorstellungs- und Ausdruckskraft zu überprüfen. Als Aufgabe wählt man beispielsweise das Motiv: der Sitzende.

Natürliche Leitbilder verwirren, denn einen Körper anatomisch richtig zu schnitzen ist schwierig. Das Vermögen, die Natur meisterhaft nachzubilden, ist vom handwerklichen, arbeitstechnischen Standpunkt alles andere als ein Fehler. Das Großartige am künstlerischen Schaffen ist jedoch, daß man selbst schöpferisch tätig sein darf. Darum ist bei obigem naturgebundenem Motiv lediglich die Lesbarkeit wichtig.

Die Willens- und Gestaltensfreiheit ist der Schlüssel zur Fähigkeit, eine Figur frei aus dem Holz zu schnitzen. Dadurch löst man sich von der lästigen Fessel, Leitbilder nachahmen zu müssen. Das schließt ein Falschmachen von dieser Seite her betrachtet aus.

Der Formwille fügt jetzt lediglich die ehedem willkürlichen Formglieder zu einer lesbaren Aussage. Das Vorstellungsbild einer einfach und unkompliziert dasitzenden Gestalt macht keine Schwierigkeiten. Alle Körperteile werden radikal vereinfacht oder nur angedeutet. Wie der Kopf aussieht, wie lang der Hals wird – ob durch Unvermögen, Zufall oder bewußt entstanden, spielt keine Rolle. Entscheidend ist vorerst für diese Aufgabe nur die Lesbarkeit des Bildwerkes. Ist das gelungen – und mag es noch so grotesk aussehen –, dann hat der gezielte Formwille bereits einen Sieg über das Material erfochten. Dieser Formwille wird durch viele derartige Aufgaben so ausgeprägt geschult, daß man im Laufe der Zeit alle plastischen Einzelheiten in den Griff bekommt.

Die folgende Fotoseite soll die Methode zur sicheren Beherrschung des Werkstoffes anschaulich zusammenfassen. Foto 1 zeigt noch einmal eine ungegenständliche Holzwurmarbeit. Nach genügender Schulung

107

1

2

3

4

an derartigen Gestaltungen bildet man das vorherig Willkürliche in lesbare Formglieder zurück. Man stelle sich zuerst einfache Aufgaben, wie die bereits erwähnte sitzende Figur (2). Mit der Plastik 3 (Motiv: Auf dem Schoß sitzend) steigern sich die Anforderungen. Bei Plastik 4 sitzt ein Kind auf den breiten Schultern des gehenden Mannes. Der Stock gibt der Figur einen guten Stand.

Bei allen Arbeiten sind Vergleiche mit der Natur uninteressant.

Kerbschnitzereien

Kerbschnitzereien, auch Flachschnitzereien genannt, sind flach in das Holz geschnittene Zeichen, Sinnbilder und Bildwerke. Da diese mit der Werkstückfläche auf einer Ebene liegen, eignen sie sich vorzüglich zur Verzierung von kunstgewerblichen Gegenständen, Möbeln, Türen und Architekturteilen. Sie bieten vielfältige Möglichkeiten für künstlerische Gestaltungen, welche ähnlich dem gemalten Bild einen Raum schmücken. In figürliche Umrißformen gesägte Bretter können mit Kerbschnitten versehen einen reizvollen Wandschmuck ergeben. Ob gestaffelt, aneinandergereiht oder hängend miteinander verbunden, das bleibt der Phantasie überlassen.

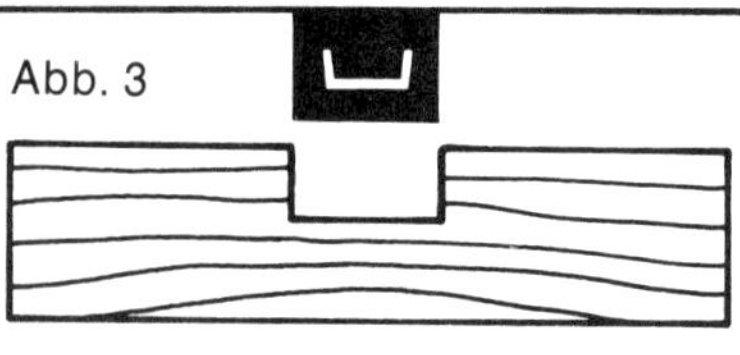

Wie sieht eine Kerbe aus und wie benennt man sie? Eine alte spezielle Kerbart wird als Keilschnitt bezeichnet. Auch heute noch ist er die erst- und meistgeübte Schnittform (Abb. 1). Der Bildhauer verwendet dazu das Schnitzmesser, das gerade und schräge Balleisen oder auch das Flacheisen; den Bohrer kann man zum Vorkerben nehmen (Abb. B 1.). Ganz hervorragend geeignet ist der Gaißfuß. Bei ihm hebt sich der Span in einem Arbeitsgang ab.

Man soll sich aber nicht ausschließlich an den Keilschnitt binden. Der Bohrer (Hohleisen) verhilft auf Anhieb zur Rundkerbe (Abb. 2) und das Kasteneisen zur Geradkerbe (Abb. 3). Diese läßt sich allerdings auch durch den Gaißfuß bewerkstelligen (Abb. G 1.–3.).

Die Keil-, Rund- und Geradkerbe kann man jederzeit abgewandelt

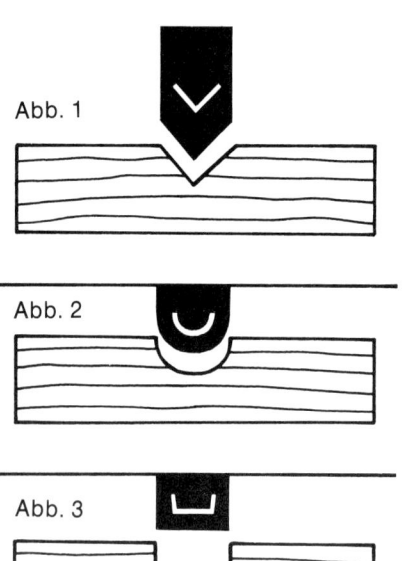

Abb. 1

Abb. 2

Abb. 3

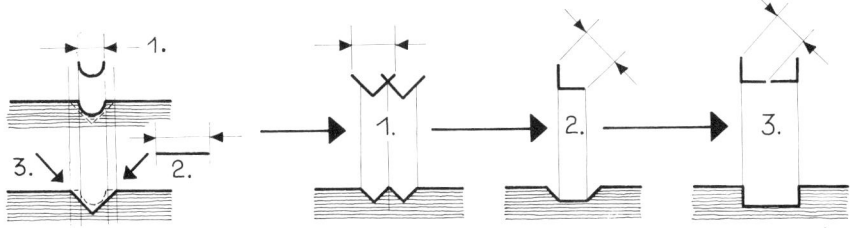

Abb. B   Abb. G

verwenden (Abb. 4, 5, 6). Warum sollen sie im Querschnitt nur gleichför-
mig sein? Eine Flachschnitzerei muß
auch keineswegs nur aus einer Ker-
benart bestehen, man kann alle ge-
meinsam miteinbeziehen. Siehe ge-
mischte Verwendung (Abb. 7).

Abb. 7

In dem Bildwerk »Der Astronaut«
wurde das vorerst in einfachster
Weise praktiziert. Zu steil oder sehr
eng und tief eingeschnitzte Kerben
(Abb. 8) sind zu vermeiden. Das sieht
nicht nur unschön aus, es erschwert
auch unnötig das Schnitzen. Die Gefahr des Ausbrechens von Holzstückchen ist besonders bei Ein-
schnitten quer zur Faser sehr groß.

Abb. 8

(Foto: Flachschnitzerei aus dem 15.
Jahrhundert)

Abb. 4

Abb. 5

Abb. 6

111

Draufsicht

Kerbschnitzerei

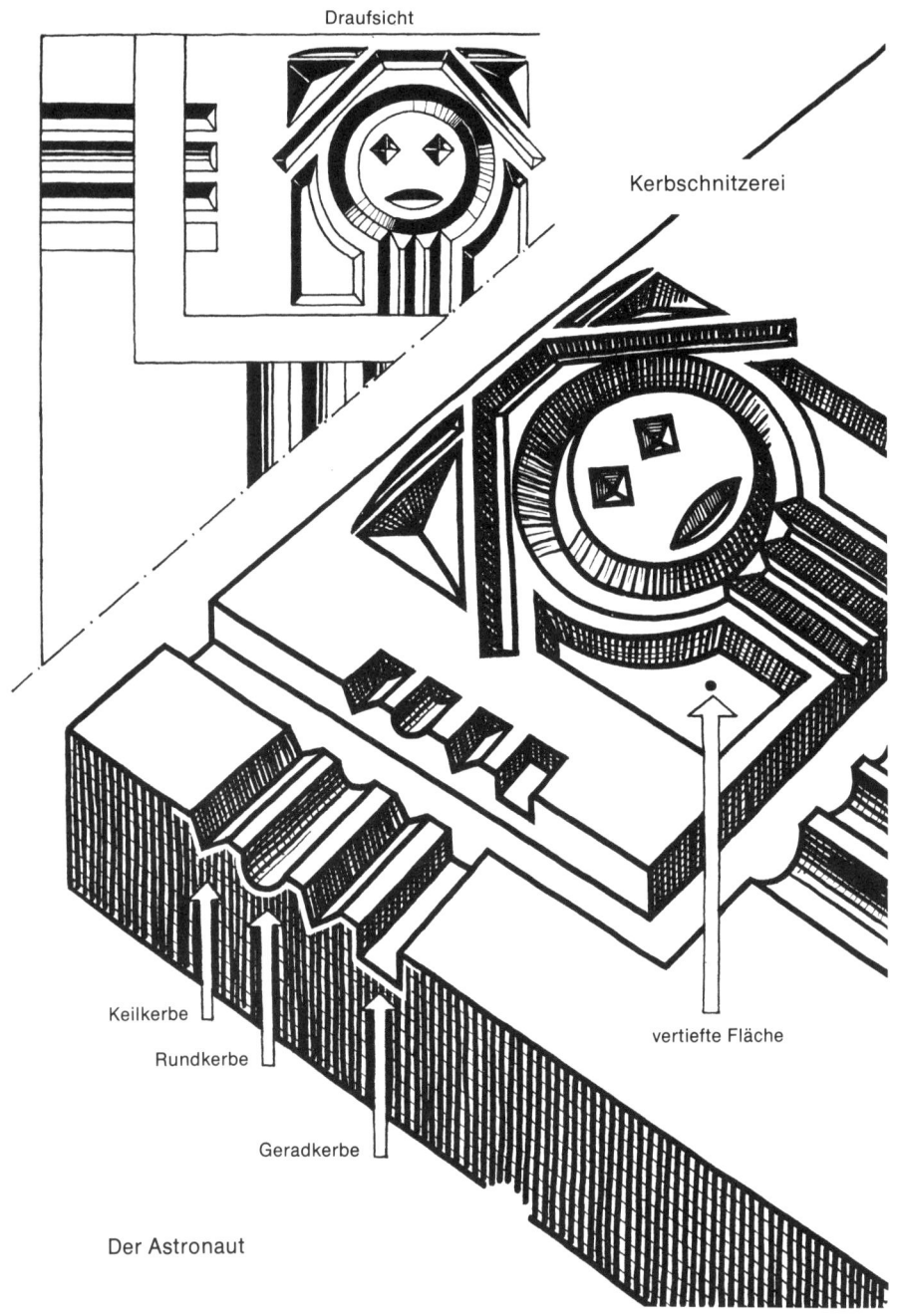

Keilkerbe

Rundkerbe

Geradkerbe

vertiefte Fläche

Der Astronaut

112

1. Übung

2. Übung

Diese Übungen sollen mit dem Begriff vertiefte und erhabene Vorgänge vertraut machen. Sie umfassen das Gebiet der Kerbschnitzerei, der Schrift und des Reliefs. Die Brettchen (16 × 5 × 1,8 cm) werden zuerst mit Keilschnitten verziert und anschließend bestimmte Felder auf Kerbentiefe (0,3 cm) herausgeschnitzt. Mehr noch als bei den Figuren kommt es hier auf exakte Arbeit – und somit auf Geduld – an. Vor Beginn überprüft man das Werkzeug auf seine Schärfe. Diese Vorsorge hilft unsaubere Stellen und haftende Spänchen vermeiden. Die Kerben auf den Brettchen wurden mit dem Hohleisen (Bohrer) vorgeschnitten und mit dem Balleisen vollendet. Eine Methode, welche gestochen scharfe Kerben garantiert. Die vertieften Felder entstanden durch Benützung des Flacheisens. Die gleichen Übungen führt man mit einem tadellos geschliffenen Gaißfuß durch.

Ein Wandbild. Zwei Entwürfe von Kerbschnitzereien sollen dazu anregen (siehe folgende Seite). Die neue Stadt zeigt die Silhouette emporragender Hochhäuser. Die strengen kubischen Formen sind durch Fensterfronten belebt. Ein derartiges Bild kann vermittels einzelner Brettstücke zusammengesetzt werden. Die alte Stadt schnitzt man auf ein rechteckiges Brett. Giebel, Schrägdächer und Turmhelme beherrschen jetzt das Bild. Sie »stoßen« in einen durch Querkerben angedeuteten Himmel (Gegenspannung).

Die neue Stadt

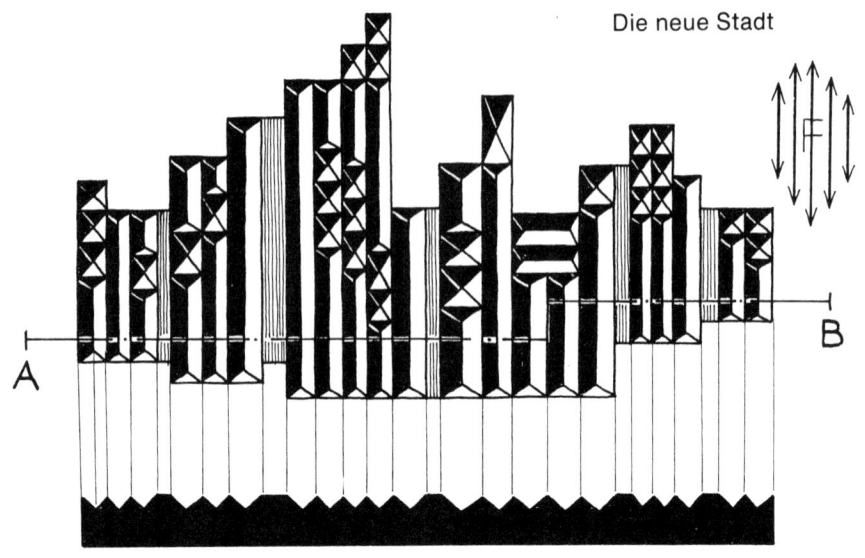

Modellmaße: 18,9 × 10,2 × 3 cm   Schnitt A–B

Die alte Stadt

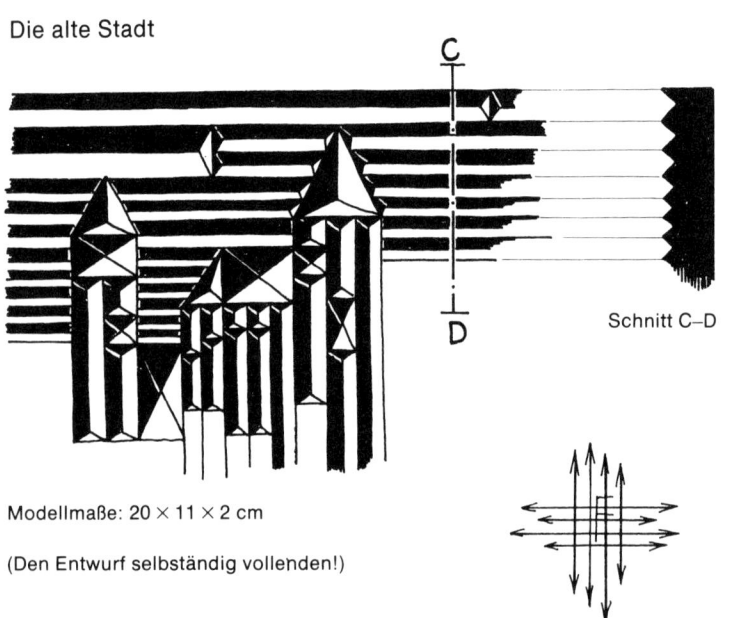

Schnitt C–D

Modellmaße: 20 × 11 × 2 cm

(Den Entwurf selbständig vollenden!)

Darstellung von Gemütserregungen am Beispiel von Kerbschnitzereien

Im Gesicht des Menschen drückt sich seine innere Verfassung aus, sei es Freude, Leid, Mißmut, Gleichgültigkeit oder zornige Erregung.

Das entsprechende Mienenspiel wird durch Verkrampfung oder Entspannung aller Gesichtspartien ausgelöst und ist in den entsprechenden Falten und Grübchen erkennbar. Ganz entscheidend ist dabei das Spiel der Mundpartie. Beim Lachen sind die Mundwinkel nach oben gezogen, bei Unlust nach unten, und bei einem stumpfen, maskenhaften Alltagsgesicht bleibt der Mund unbewegt.

Das herbe klarzeichnende Schnittvermögen unserer Eisen eignet sich vorzüglich, um jede Laune des Menschen zu charakterisieren. Bei offensichtlicher Mimik gibt es für die Darstellung nicht die geringsten Probleme.

In ein schmales Holzbrettchen kerbt man mit den Eisen verschieden gezeichnete Gesichter ein (im Keilschnitt).

Grinsebart ist in fröhlicher Stimmung. Die vielfältigen Kerbeinschnitte stellen die Lachfältchen dar. Der breit nach oben gezogene Mund ist tonangebend.

Der Griesgram. Die streng nach unten weisenden Rund- und Keilkerben drücken die schlechte Stimmung aus. Die Arbeitsgrundlagen sind geschliffene Brettchen mit Modellmaßen von 5,7 × 1,5 × 13,5 cm. Die Gesichtslinien werden aufgepaust.

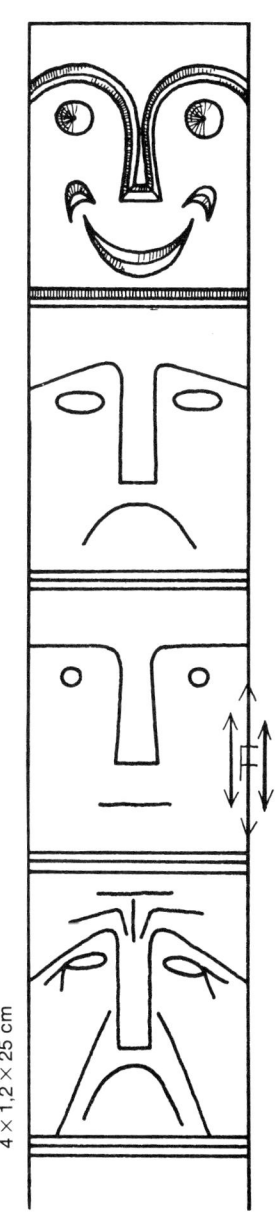

4 × 1,2 × 25 cm

116

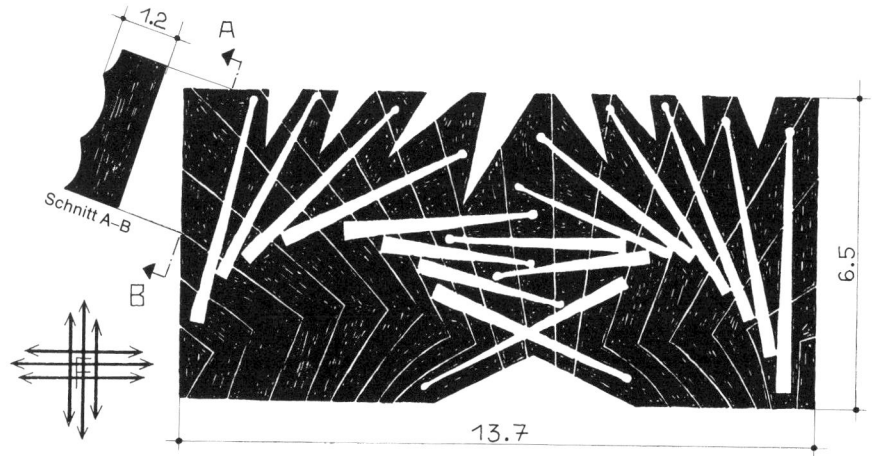

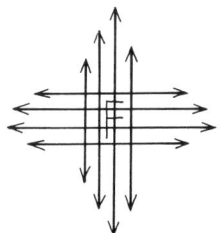

Der Trommelwirbel: Die Schlegel wirbeln und federn zurück. Rhythmische Klänge durchbrechen nach allen Seiten ausstrahlend den Raum. Diese Flachschnitzerei übt man mit dem Schnitzmesser und mit den Eisen B und F 14 mm. Das Brettchen vor dem Aufpausen des Motivs abschleifen!

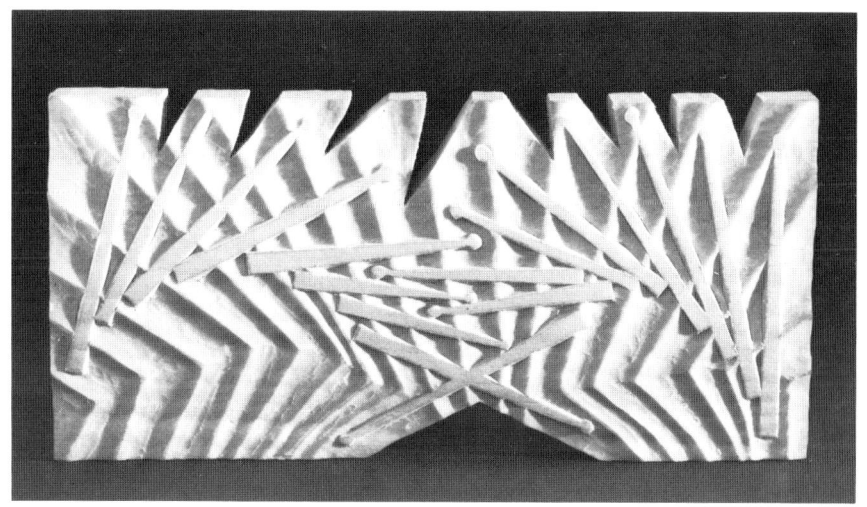

Das Faltenschnitzen

Mit der einfachen Kerbe kann man auf der Oberfläche einer Figur die Falte andeuten. Es ist nur eine Frage der weiteren Ausarbeit, daß sie zur naturgetreuen Kopie eines echten Faltenvorganges wird. Zum Beispiel: Aus einfachen Kerben können schwungvolle Röhrenfalten werden (siehe nebenstehende Skizze). Um echte Vorgänge einmal genau zu studieren, wirft man ein Tuch breit auf den Boden, zerknüllt und betrachtet es. Bei einem weiteren Experiment legt man es über einen Tisch und sieht den hängenden Teil des Tuches an. Das Faltenbild, ob vielfältig oder einfach, besitzt stets einige Typen, aus denen sich das Ganze bildet.

Als Schlüssel zum Faltenschnitzen öffnen die vier Grundtypen ein weites Feld verschiedener Möglichkeiten. Beim Bekleiden der Figuren kommt man jetzt nicht mehr in Verlegenheit.

Die vier Grundtypen können beliebig verbunden, vermischt, abgewandelt, gesteigert und abgeschwächt werden. Die Randskizze zeigt, was man allein schon mit einer Type anfangen kann (Parallelfalten).

Als erste Vorübung werden mit dem Flacheisen vier Brettchen auf ihrer

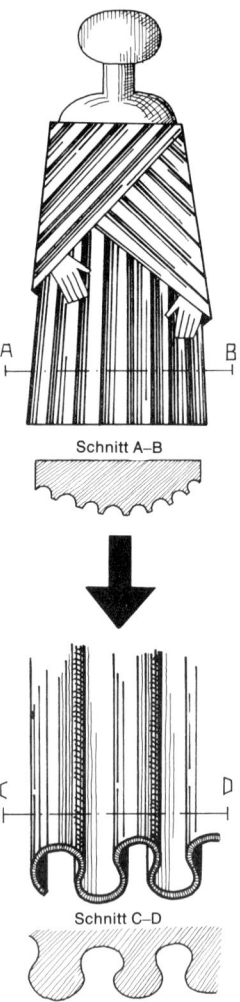

Schnitt A–B

Schnitt C–D

118

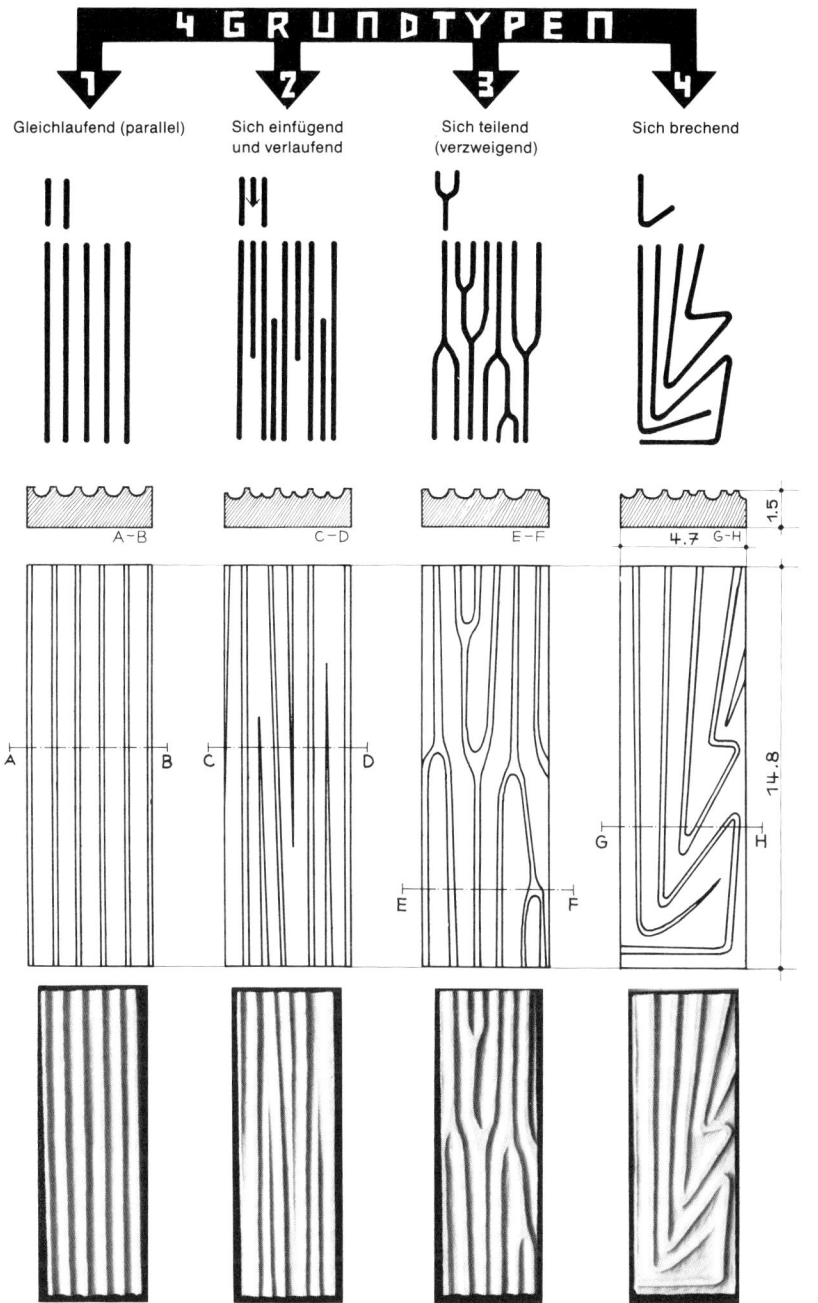

4 GRUNDTYPEN

1   Gleichlaufend (parallel)

2   Sich einfügend und verlaufend

3   Sich teilend (verzweigend)

4   Sich brechend

A–B   C–D   E–F   G–H

1.5

4.7

14.8

A   B   C   D   E   F   G   H

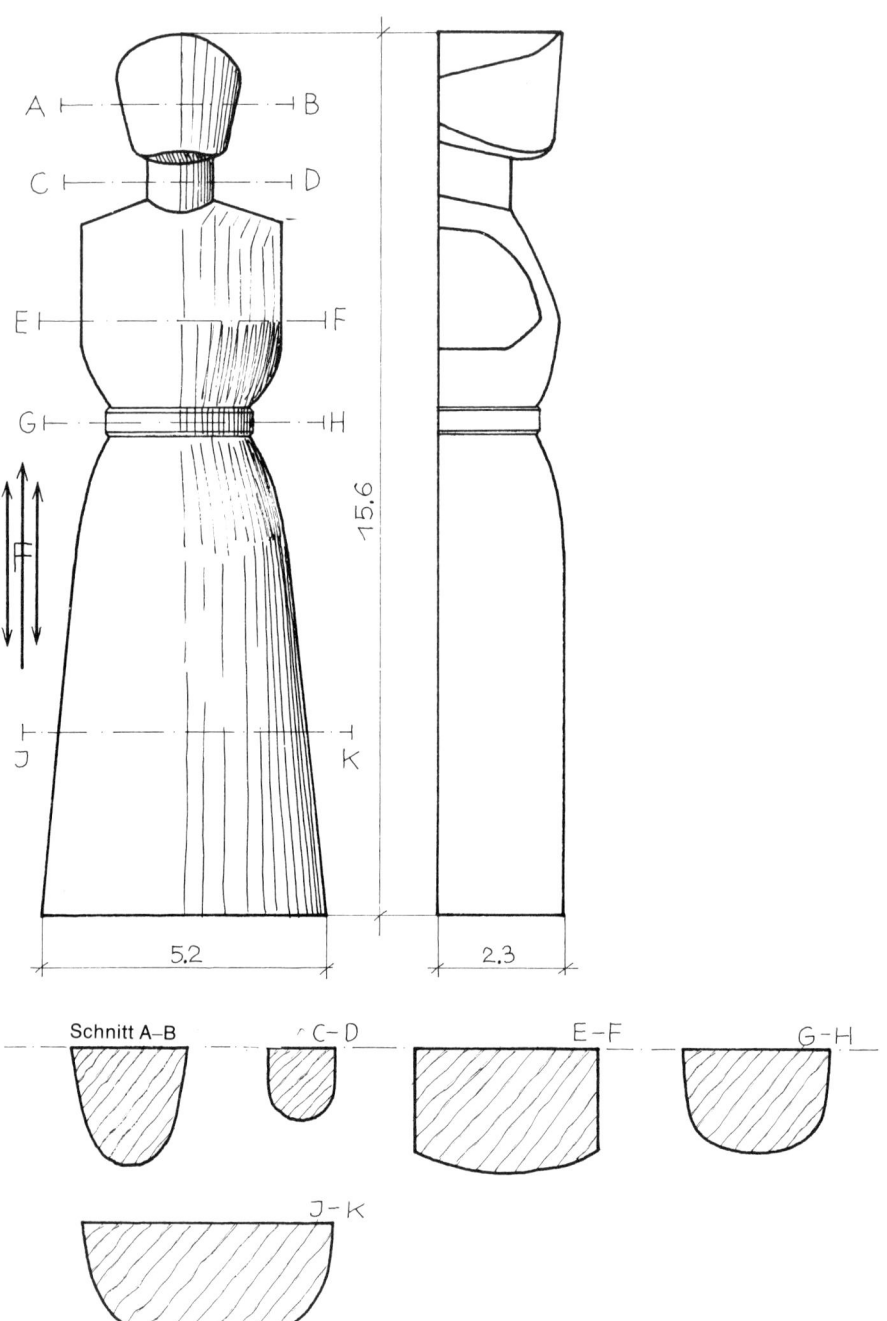

15.6

5.2

2.3

A ⊢ ⊣ B
C ⊢ ⊣ D
E ⊢ ⊣ F
G ⊢ ⊣ H
J ⊣ ⊢ K

Schnitt A–B   C–D   E–F   G–H

J–K

120

Sichtseite fein überschnitzt. Anschließend kerbt man mit dem Hohleisen (Bohrer) die vier Faltengrundtypen ein. (Siehe die Zeichnungen und Fotos auf Seite 119.)
An einer glatt vorgeschnitzten Halbplastik übt man die neuen Erkenntnisse und wechselt stets auf neue Varianten.

Die Halbplastik zeigt eine ausgearbeitete Hauptansicht. Die Rückseite ist flach, grob oder unbearbeitet.

Das Schriftschneiden

Eine Schrift in Holz einzuschneiden, ist eine sehr anregende Beschäftigung, und rein handwerklich gesehen bereitet sie wenige Schwierigkeiten. Das gilt besonders für die vertiefte (versenkte) Schrift. Wenn die Buchstaben nicht zu eng angeordnet sind, braucht die Faserrichtung des Holzes bei der vertieften Schrift nicht berücksichtigt zu werden, dünne Balken einer erhabenen Schrift dagegen (mit Quer-Faserverlauf) – sollten sie der Witterung ausgesetzt sein – sind gefährdet. Solche Überlegungen darf man beim Entwurf nicht außer acht lassen.

Die Lichtverhältnisse sind (beispielsweise) für die Lesbarkeit einer Schrifttafel sehr entscheidend. Ein Austönen läßt sich deswegen nicht immer vermeiden – und ist nicht abwegig. Steintafeln haben in dieser Hinsicht auch keine Vorteile. Sie sind den gleichen Gesetzen unterworfen. Gegen Schrift auf Holz in freier Landschaft gibt es nur dann ernsthafte Einwände, wenn ohne Rücksicht auf die Zukunft zu fein und zu verkünstelt gestaltet wird. Und warum eine Schrift der Wetterseite aussetzen, wenn dies nicht notwendig ist?

Und immer daran denken: Zu stark gemasertes Holz entwertet kleine Buchstaben bis zur Wirkungslosigkeit.

Die bloße Aneinander-Reihung von Buchstaben ergibt kein Schriftbild. Man muß mit ihnen experimentieren. Das bezieht sich nicht nur auf ihre Anordnung, sondern auf sie selbst. So wie jeder seine eigene Handschrift aus der gelernten Norm entwickelt, so ist es auch hier berechtigt, einen eigenen persönlichen Stil zu entwickeln.

Bei jeder Schrift lassen sich die Buchstaben freizügig verändern, ohne ihren Grundcharakter zu schädigen. Man kann die Balken dünner und dicker machen – auch an beliebigen Stellen. Die Buchstaben dehnen, strecken, Ober- und Unterlängen erzeugen oder gar verzerren. Die Anordnung der Zeilen ergibt das eigentliche Schriftbild. Wenn diese gleichmäßig beginnen und enden sollen, bleibt es nicht aus, daß Worte auseinandergerissen werden. Durch ein unmerkliches Strecken oder Zusammendrücken mehrerer Worte in einer Zeile läßt sich das durchaus bewerkstelligen. Manchmal ist auch das Einfügen von Sinnbildern oder einfachen Zeichen zum Füllen von Lücken gerechtfertigt. Ohne Experimentieren, ohne Vorentwürfe gelingt in den seltensten Fällen ein gutes Schriftbild.

Bei entsprechender Wahl kann die Schriftart den Inhalt eines Textes wesentlich aussagekräftiger machen.

Erläuterungen der Schriftvorlagen

Nr. 1 Diese für den Keilschnitt vorgesehene Schrift kennt nur gerade Balken. Sie bereitet wenig Schwierigkeiten. Das saubere Auskerben – nicht zu tief und nicht zu flach – ist lediglich eine Geduldsfrage.
Nr. 2 Die Balken dieser Buchstaben lassen sich vorzüglich dehnen und strecken. Sie lassen sich wuchtig oder zierlich gestalten. Wird die zierliche Schrift vertieft eingeschnitzt, dann dürfen sich die Buchstaben auch überschneiden oder ineinanderfügen. Auf diese Weise kann ein sehr eigenwilliges Schriftbild entste-

hen. Die abgerundeten Ecken nicht vernachlässigen!
Nr. 3 Wie aus dem Baumstamm geschnitten wirken diese Buchstaben. Trotz der rustikalen Formgebung haben sie ein sehr lebendiges Gehabe. Gut gestaltet wird ein erhabenes Schriftfeld mit solchen Buchstaben zum reinen Bildwerk.
Nr. 4 Die Vorlage zeigt nur Kleinbuchstaben. Sie bestehen aus dikken erhabenen Balken und dünnen Einkerbungen. Dieser starke Kontrast gibt der Schrift ihre besondere Note.

ABCDEFGHIJKL
MNOPQRSTUV
WXYZ 1234567890

Schriftvorlage Nr. 1

124

Schriftvorlage Nr. 2

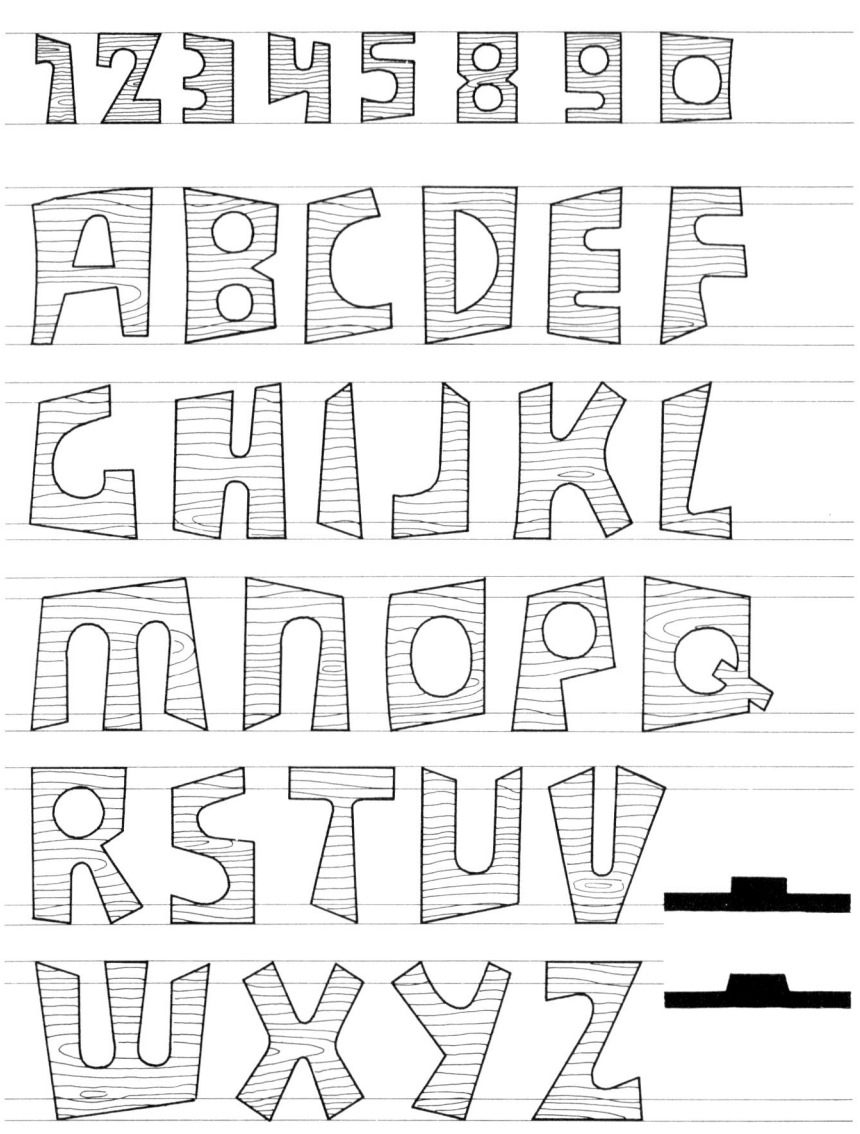

Schriftvorlage Nr. 3

126

abcdefghiJKLmnoparstuv
wxyz

A b c d e f G←2 1→

hiJ K L mn o

p q r s t u v

W X Y Z 12345

67890

Schriftvorlage Nr. 4

127

Schriftprobe Nr. 1

Die Oberfläche des Brettstückes ist geschliffen. Der aufgepauste Schriftentwurf wurde zuerst mit dem Hohleisen großzügig vorgekerbt und anschließend mit dem Balleisen scharfkantig fertiggeschnitten. Unsaubere Stellen wurden nirgends hinterlassen.

Schriftprobe Nr. 2

Diese Probe zeigt deutlich, wie erhabene Schrift entsteht. Der vertieften Fläche kann man natürlich auch ein anderes Aussehen verleihen und sie mit dem Flacheisen bearbeiten. Es besteht auch die Möglichkeit, die Fläche mit dem Punktiereisen zu pünkteln.

Schriftprobe Nr. 3

Der Werdegang dieser erhabenen Schrift entspricht der bereits geschilderten Methode. Eine feine Hohleisenbearbeitung überzieht den Untergrund.

Schriftprobe Nr. 4

Die erhabenen Balken entstanden wie gelernt. Die vertiefte Fläche erhielt eine ruhigere Bearbeitung, damit sie den dünnen Schriftlinien gerecht wurde. Beim Einkerben dieser Linien wurde das Schnitzmesser benützt.

128

Die Kerbschnittfigur

Eine rundplastische Figur zu schnitzen ist nicht jedermanns Sache.

Hier bietet sich nun im kerbschnittverzierten Figurenrohling eine andere Gestaltungsmöglichkeit an. Ob eine Figur phantasievoll mit den Händen rundplastisch geformt oder kantig mit der Maschine ausgesägt wird, darf der einzelne für sich entscheiden.

Die wesentlichen Merkmale eines Gegenstandes lassen sich mit einer rustikal und kantig gesägten Figur genauso festhalten und betonen.

Und wenn man sich in das weite Gebiet der ungegenständlichen Darstellung begibt, was läßt sich da nicht alles machen?

Der Begriff »ungegenständlich« ist inzwischen in die Kunstgeschichte eingegangen und will besagen, daß kein bekannter natürlicher Gegenstand dargestellt wird, es sei denn, das Gegenstandslose würde zufällig mit einem Produkt der Natur übereinstimmen. Im eigentlichen Sinne ist der Begriff paradox, denn alles Geschaffene (oder neu Geschöpfte) wird mit seiner Vollendung zum Gegenstand.

Man arbeitet mit der Band-, Dekupier- oder Handsäge.

Dort, wo man dem Werkstoff mit diesen technischen Hilfsmitteln nicht beikommt, hilft man mit dem Stechbeitel oder den Schnitzeisen nach.

Diese Maschinenfiguren passen so recht in die heutige Welt. Der neuen Architektur sind sie wie auf den Leib geschneidert, und sie werden durch

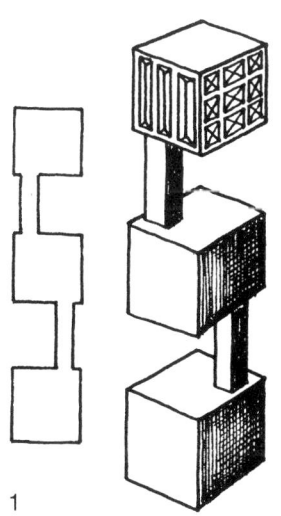

1

2

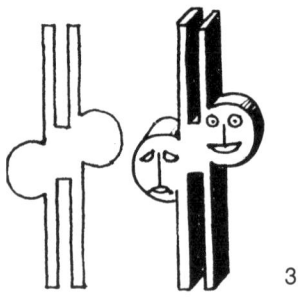

3

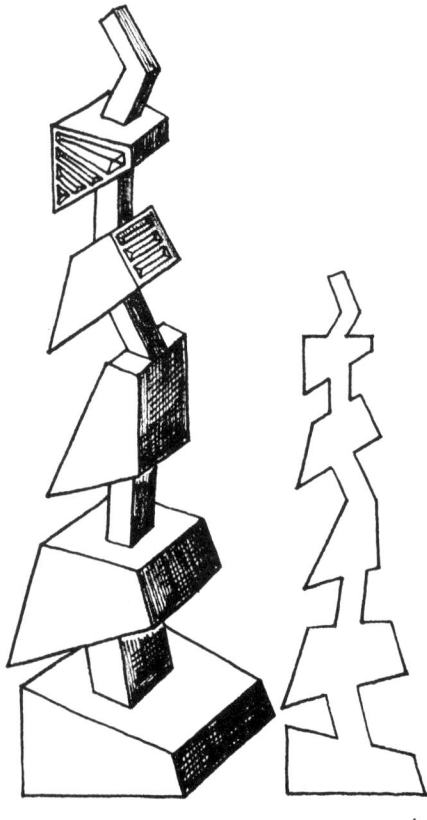

ihre geradlinige und ehrliche Art sicherlich viele Freunde gewinnen.
Anregungen gibt es genug. Als Beispiele sollen die Entwürfe und Fotos dienen.
Die Titel der Abbildungen sind:

1 = Das Bauwerk (es können auch Gesichter eingekerbt werden).

2 = Verharrend (siehe oberen Teil der Plastik).

3 = Launenhaft (eignet sich auch zum Schmuckanhänger).

4 = Hochstrebend (wachsend).

5 = Die Zuneigung

6 = Die Umarmung

7 = Der Mammon

8 = Haarsträubend

9 = In Verstrickung

10 = Überheblich.

Das Verzieren der Figuren mit Kerbschnitten wird keine Schwierigkeiten bereiten, und wenn, dann bleibt immer noch die Möglichkeit der rein ornamentalen Bemalung. In jedem Fall versieht man die Figuren vorher mit einer feinen Oberflächenbearbeitung (Überschnitzen oder Abschleifen).

4

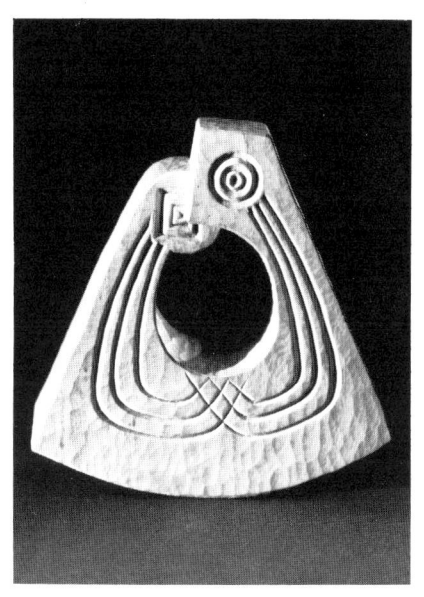

5

6

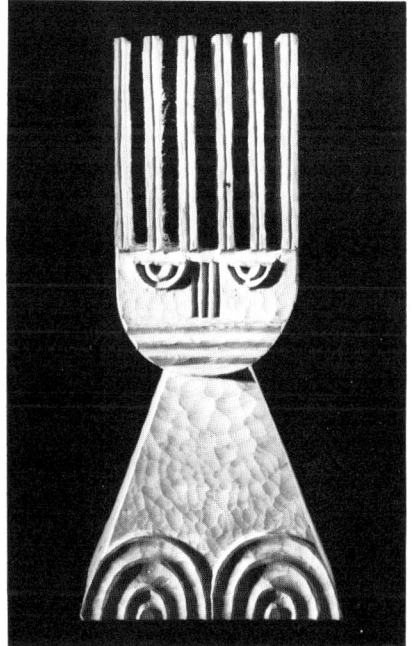

7

8

131

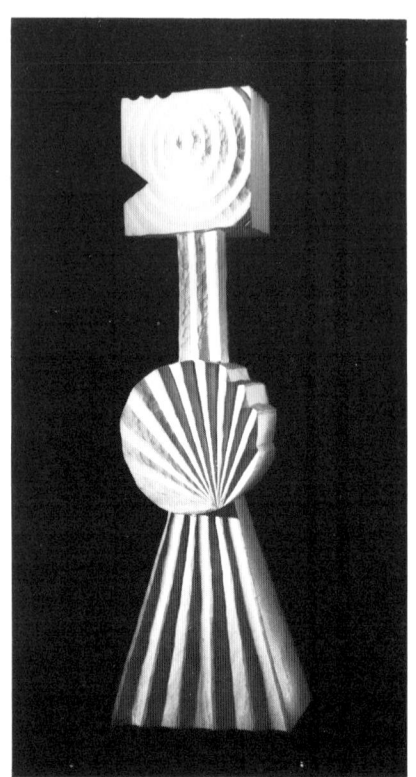

9   10

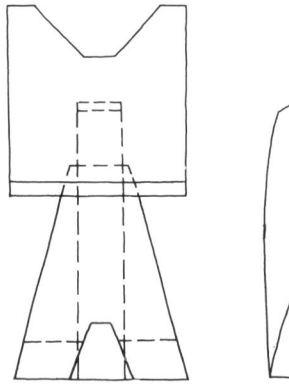

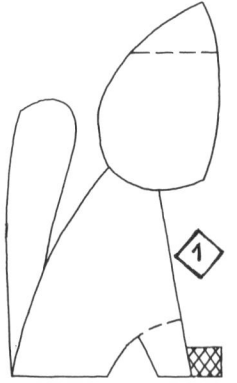

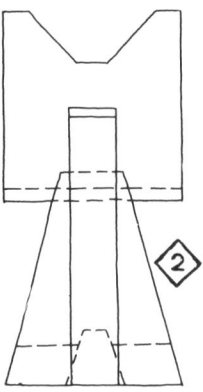

Die Katze: Modellmaße 3,3 × 4 × 8,9 cm

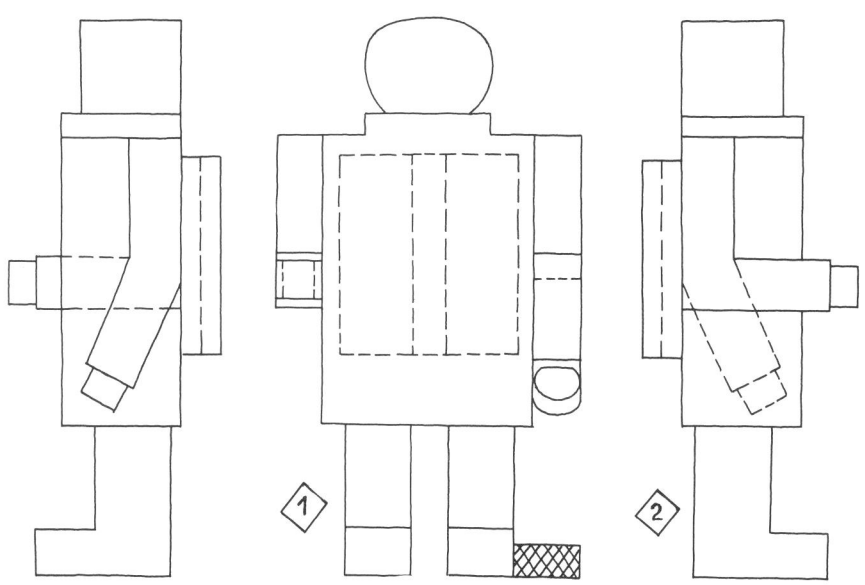

Der Astronaut: Modellmaße 5,7 × 4 × 10,2 cm

Die Grundidee (Der Einfall)

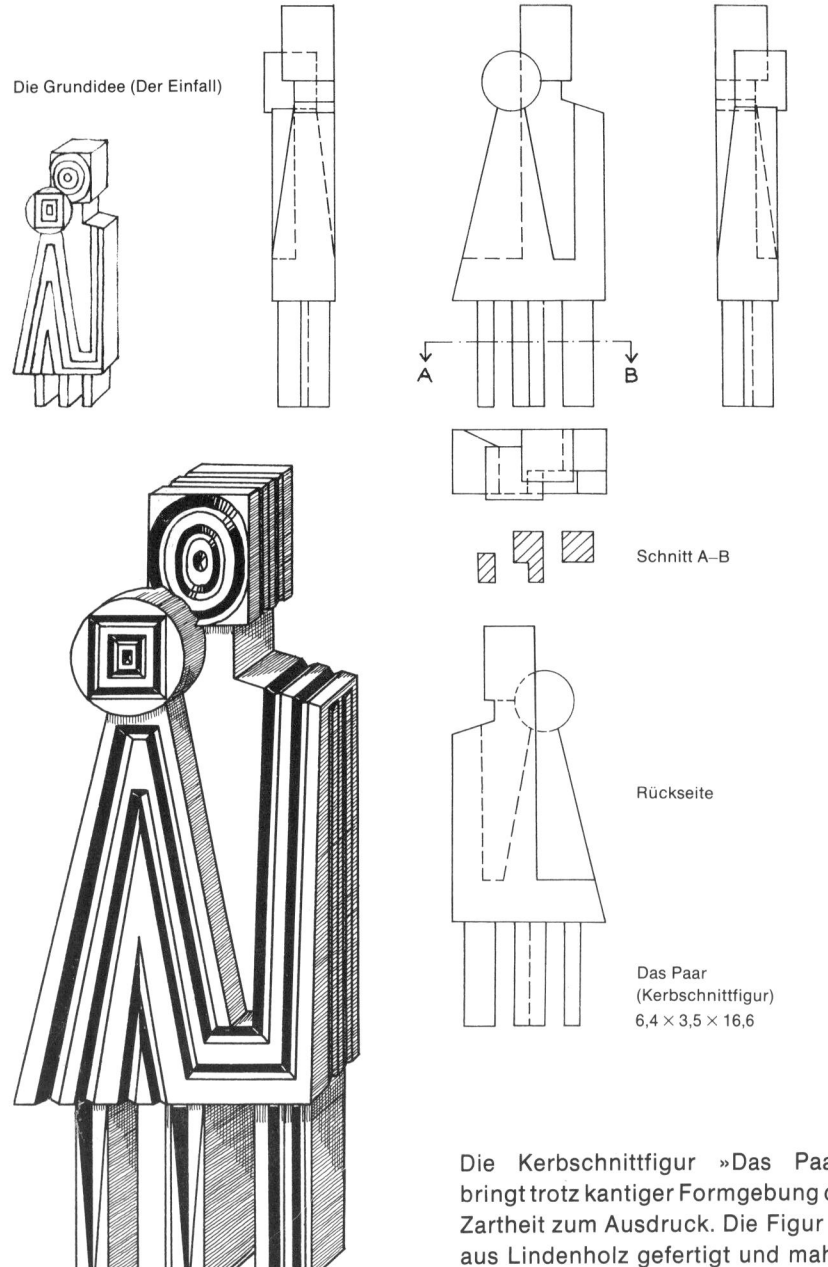

Schnitt A–B

Rückseite

Das Paar
(Kerbschnittfigur)
6,4 × 3,5 × 16,6

Die Kerbschnittfigur »Das Paar« bringt trotz kantiger Formgebung die Zartheit zum Ausdruck. Die Figur ist aus Lindenholz gefertigt und mahagoni-rotbraun gebeizt.

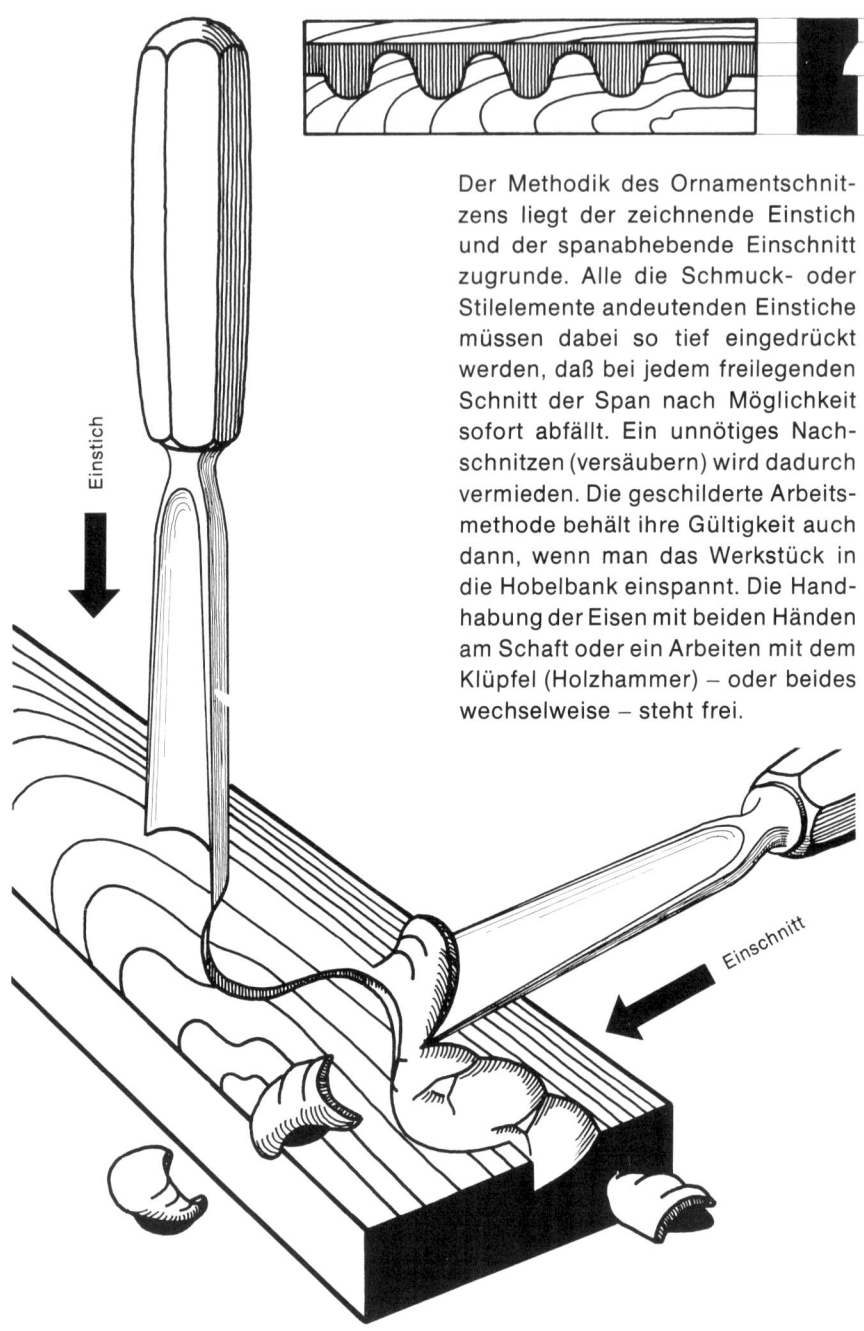

Der Methodik des Ornamentschnit-
zens liegt der zeichnende Einstich
und der spanabhebende Einschnitt
zugrunde. Alle die Schmuck- oder
Stilelemente andeutenden Einstiche
müssen dabei so tief eingedrückt
werden, daß bei jedem freilegenden
Schnitt der Span nach Möglichkeit
sofort abfällt. Ein unnötiges Nachschnitzen (versäubern) wird dadurch
vermieden. Die geschilderte Arbeits-
methode behält ihre Gültigkeit auch
dann, wenn man das Werkstück in
die Hobelbank einspannt. Die Handhabung der Eisen mit beiden Händen
am Schaft oder ein Arbeiten mit dem
Klüpfel (Holzhammer) – oder beides
wechselweise – steht frei.

Einstich

Einschnitt

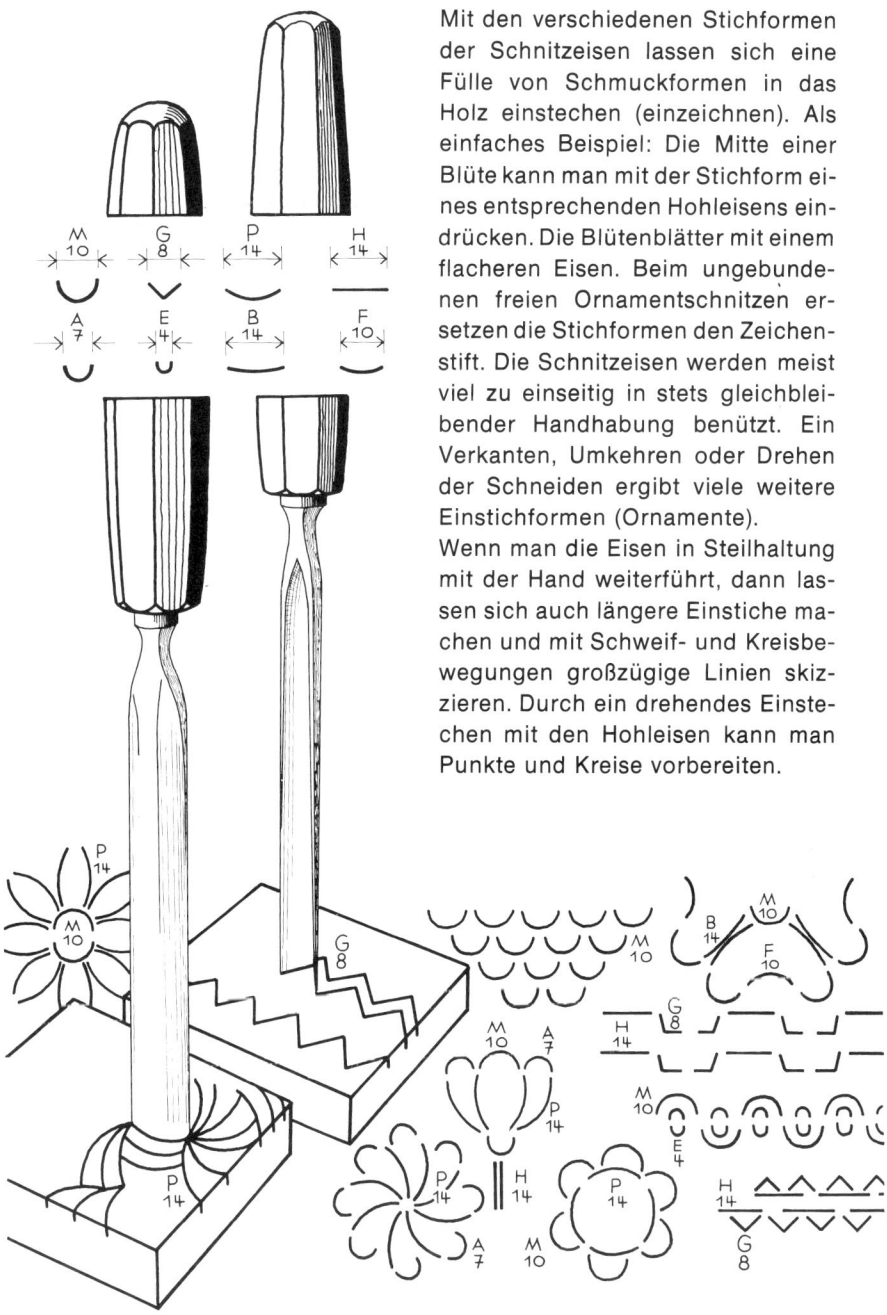

Mit den verschiedenen Stichformen der Schnitzeisen lassen sich eine Fülle von Schmuckformen in das Holz einstechen (einzeichnen). Als einfaches Beispiel: Die Mitte einer Blüte kann man mit der Stichform eines entsprechenden Hohleisens eindrücken. Die Blütenblätter mit einem flacheren Eisen. Beim ungebundenen freien Ornamentschnitzen ersetzen die Stichformen den Zeichenstift. Die Schnitzeisen werden meist viel zu einseitig in stets gleichbleibender Handhabung benützt. Ein Verkanten, Umkehren oder Drehen der Schneiden ergibt viele weitere Einstichformen (Ornamente).

Wenn man die Eisen in Steilhaltung mit der Hand weiterführt, dann lassen sich auch längere Einstiche machen und mit Schweif- und Kreisbewegungen großzügige Linien skizzieren. Durch ein drehendes Einstechen mit den Hohleisen kann man Punkte und Kreise vorbereiten.

Am Beispiel einer Blüte übt man die vollständige Anwendung der Methodik: 1 = Blütenmitte durch kräftiges und drehendes Einstechen auf das Brettchen zeichnen. 2 = Blütenmitte erhaben freischneiden. 3 = Blütenblätter durch Einstechen aufzeichnen. 4 = Blätter erhaben freischneiden. Die schwerer zugänglichen Stellen meistert man in diesem Arbeitsgang mit dem Schnitzmesser. Zum Schluß kann man die Blüte mit Kerbschnitten verzieren.

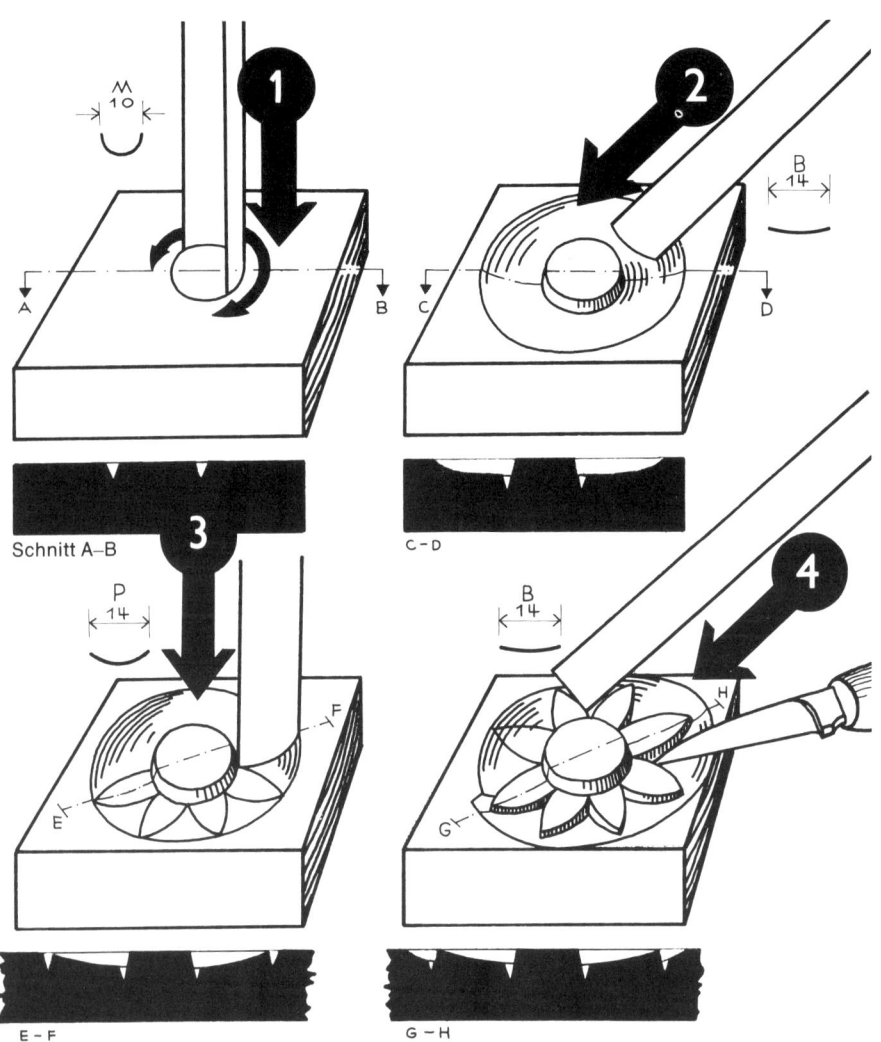

Schnitt A–B

C – D

E – F

G – H

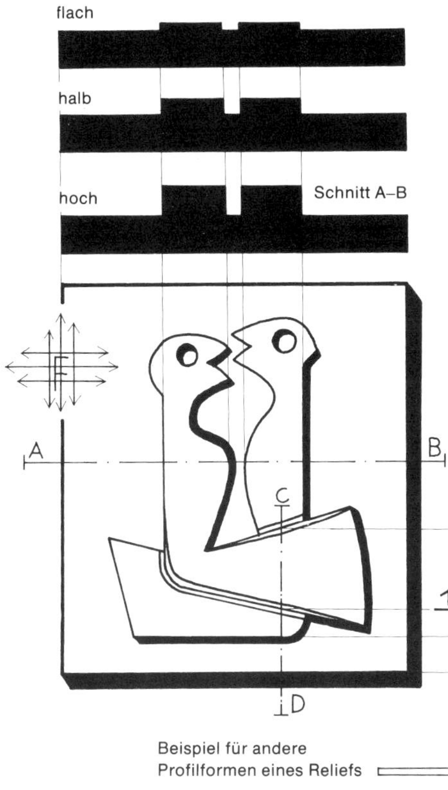

flach

halb

hoch

Schnitt A–B

Im Gegensatz zu den Kerbschnitzereien ist das Relief ein erhaben aus
der Fläche gearbeitetes Bildwerk.
Der Grad, wie weit es herausgearbei-
tet ist, gibt ihm dann die Bezeichnung Flach-, Halb- oder Hochrelief.
Überschneidungen kann man durch
Kerben (1), Einschnitte (2) oder
durch Abstufungen (3) lösen.
Beispiel für andere Profilformen eines Reliefs.

A

B

C

2

1

2

3

Schnitt C–D

D

Beispiel für andere
Profilformen eines Reliefs

Schnitt A–B

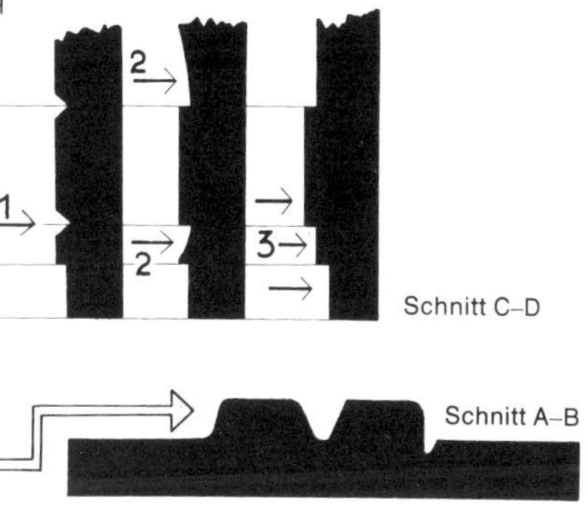

Flächige Schnitzereien können an
verschiedenen Stellen mit »Durch-
blicken« versehen sein. Solche
Durchbrüche eignen sich auch zur
Umgrenzung aller plastischen Einzelheiten. Durch das Überdecken
und Überschneiden der geschnitzten
Teile wird das Ganze dann zusam-
mengehalten.
Die nebenstehende durchbrochene
Schnitzerei stellt einen Schmuckanhänger dar. Dazu verwendet man am
besten Ahornholz.

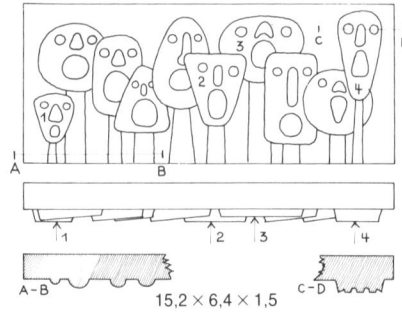

Der Gesangverein

15,2 × 6,4 × 1,5

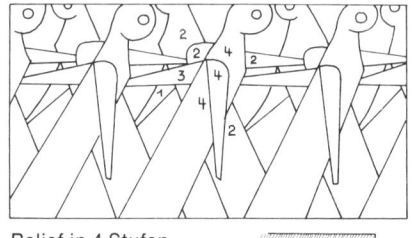

Gehetzte Menschen

Relief in 4 Stufen

14,2 × 7,6 × 1,5

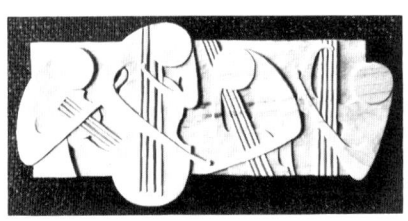

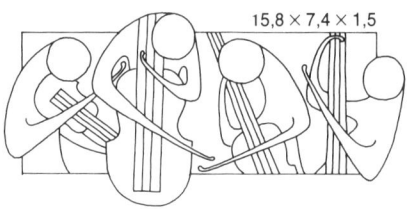

15,8 × 7,4 × 1,5

Die Überschneidungen werden durch Einschnitte und stufenförmig angeordnete Details gelöst.

Die Streicher

13,8 × 9,5 × 1,5

Kinder

140

Richard Bütz
Das große Buch vom Schnitzen
Eine umfassende Einführung in alle
wichtigen Schnitztechniken. Neben
Übungen für Anfänger enthält das Buch
jedoch auch Herausforderungen für
Fortgeschrittene.
ISBN 3-473-**42548**-6

Tage Frid
Holzverbindungen
Die Techniken der klassischen
Holzverbindungen sind hier grundlegend
dargestellt. Handarbeit und der Umgang
mit Maschinen sind leicht verständlich
beschrieben.
ISBN 3-473-**42558**-3

Adolf Lörch
Relief- und Kerbschnitte
Eine Sammlung von über 150 neuen
Motiven für die Relief- und Kerbschnitze-
rei. Zugleich eine Dokumentation der
Arbeit des Holzkünstlers Adolf Lörch.
ISBN 3-473-**42559**-1

Tage Frid
Holz formen
Eine umfassende Einführung in die
holzverformenden Techniken vom Biegen
bis zum Drechseln. Gezeigt wird auch,
wie man mit einfachen Werkzeugen zum
Ziel kommt.
ISBN 3-473-**42550**-8

Von Ravensburger® gibt es: Spiele, Kinder- und Jugendbücher, Puzzles,
Hobby- und Malprogramme, Sachbücher und Videoprogramme.

®

Aus solidem Holz geschnitzt: Handbücher für die Werkstatt.

Dale L. Nish
Das Drechslerbuch
Die Arbeitstechnik an der Drechselbank und der Entstehungsprozeß von einfachen und schwierigen Stücken wird Schritt für Schritt anschaulich erläutert.
ISBN 3-473-**42328**-9

Richard Raffan
Schalen drechseln
Raffan führt in die Gestaltung, die Arbeitstechnik und Endbehandlung des Holzes von Schalen ein, dem populärsten und schönsten Drechselobjekt.
ISBN 3-473-**42549**-4

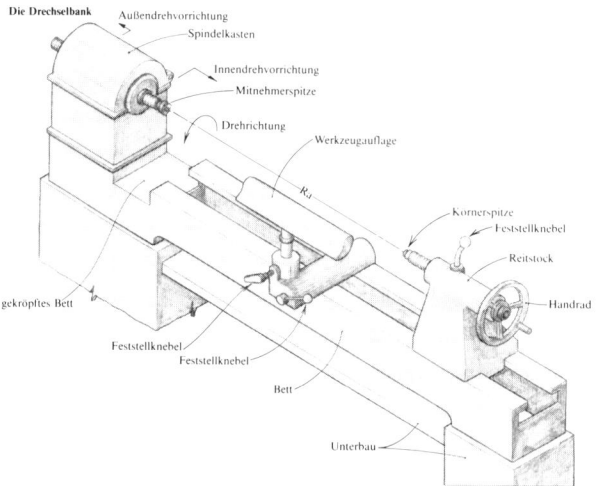

Damit das Drechseln eine runde Sache wird: alle Tricks und Drehs.

Richard Raffan
Drechseln
Eine solide, anschauliche und praktische
Einführung in das Drechseln.
ISBN 3-473-**42547**-8

Eine umfassende und praxisnahe Einführung in das Drechseln gibt dieses Buch. Im Vordergrund stehen dabei die Grundtechniken des Quer- und Langholzdrehens. Schritt für Schritt sind die einzelnen Arbeitsgänge erklärt und mit Fotos und Zeichnungen illustriert – vom Griff zum geeigneten Holz bis zur Oberflächenbehandlung. Ganz entscheidend zum Gelingen der Arbeit ist die richtige Körperhaltung, die der Autor genau beschreibt und mit Bildsequenzen anschaulich macht. Doch schon zum Kauf einer Drechselbank und der erforderlichen Werkzeuge erhält der Leser in diesem Buch wertvolle Tips vom erfahrenen Meister. Er versäumt es auch nicht, auf wichtige Sicherheitsvorkehrungen hinzuweisen, die bei der Arbeit unumgänglich sind.